»Bald nach dem Erscheinen meines ersten Buches versprach ich einem jungen Mann, daß ich mich in den nächsten Tagen entleiben werde. Als wir uns einige Zeit später – ich war immer noch am Leben – auf der Straße wieder begegneten, sagte er in einem Tonfall der Enttäuschung und des Vorwurfs: Weißt du, Josef, gerade von dir habe ich erwartet, daß du dein Wort hältst!«

1979 erschien im Suhrkamp Verlag Winklers erster Roman *Menschenkind*. Josef Winkler hat *Wort gehalten*, inzwischen sind zehn Bücher erschienen, zuletzt die römische Novelle *Natura morta*, über die Marcel Reich-Ranicki im Literarischen Quartett sagte: »Fabelhaft. Eine große poetische Etüde über die Vergänglichkeit des Daseins. Ein sehr sinnliches Buch.«

In seinem neuen Buch, *Leichnam, seine Familie belauernd*, führt Winkler uns in 73 Prosaminiaturen sein poetisches, stilistisches und geographisches Universum vor. 73 Geschichten über Liebe und Tod, Kindheit und Jugend; Geschichten und Beobachtungen von seinen Aufenthalten in Rom, Biel, Duisburg, Wien, Berlin, Indien; über die Gegenwart in seinem Heimatland Kärnten, über Lesen und Schreiben, über seinen Umgang mit Angst um Sprache und Sprachlosigkeit – gern auch ironisch, sarkastisch, leidenschaftlich und selbstentblößend.

Josef Winkler, geboren 1953 in Kamering (Kärnten), lebt in Klagenfurt.

Josef Winkler
Leichnam, seine Familie
belauernd

Suhrkamp

edition suhrkamp 2442
Erste Auflage zum 40jährigen Bestehen der edition suhrkamp 2003
© Suhrkamp Verlag Frankfurt am Main 2003
Originalausgabe
Druck: Nomos Verlagsdruckerei, Baden-Baden
Printed in Germany
Umschlag gestaltet von Werner Zegarzewski
nach einem Konzept von Willy Fleckhaus
ISBN 3-518-12442-0

2 3 4 5 6 – 08 07 06 05 04 03

LEICHNAM, SEINE FAMILIE
BELAUERND

»DEN VORSICHTIGEN: Es fällt Schnee im Maquis, und das heißt für uns, unausgesetzt gejagt werden. Ihr in euren tränenlosen Häusern, mit eurem alle Liebe erstickenden Geiz darin, eurem warmen Tagaus-und-Tagein: euer Feuer ist ein Krankenwärter, sonst nichts. Zu spät. Der Krebs in euch hat gesprochen. Die Heimat hat keinerlei Macht mehr.«

DIE STERBLICHEN ÜBERRESTE
EINER MARIONETTE

Der allerschönste und allerschlimmste Ort, an dem ich mich aufhalte, ist immer noch mein Gestell, mein Knochengerüst, in dem ich hause seit Anfang März des Jahres 1953, aber ich war mit ihm und mit mir auch einige Zeit im indischen Varanasi, in Rom, Berlin, Paris, Wien, Venedig, in Frankfurt, in Biel und anderswo zu Hause oder auch im Klassenzimmer, in das einmal beim Naturgeschichteunterricht der Lehrer ein klapperndes Knochengerüst hereinschleppte. Als ich dieses elfenbeinfarbene Gestell sah, dachte ich in kindlicher Angstfantasie: Jetzt ist es vorbei mit mir! Jetzt ist es aus! Jetzt holt er mich! Jetzt bin ich hin! Nach einer Stunde schleppte der Lehrer das Knochengerüst wieder aus dem Klassenraum und hängte es im Garderobenraum, in dem es nach dem Schuhwerk der Bauern- und Keuschlerkinder roch, in einen Kasten hinein, drehte den Schlüssel um, warf ihn in die Höhe, bervor er ihn in seine Hosentasche steckte. Ein paar Jahrzehnte später zerbrachen und zerbröselten die Knochen des Lehrers, der als Marionette mit offenem Mund vom Totenbett gehoben werden mußte. Als man ihn einsargte, rollte der Ehering von seinen dünnen Fingern über den frischversiegelten Parkettboden auf den Flur der Wohnung hinaus, einer Vase mit roten Gladiolen zu Füßen.

ALLERHEILIGENBLUMEN BESPRENGEN,
ALLERSEELENBLUMEN AUCH

Wenn ich zu Allerheiligen und Allerseelen im Nebel
mit dem Omnibus durch die Dörfer fahre, stechen mir
die weißen, am Straßenrand in der Erde steckenden
Holzkreuze in die Augen, die an tödliche Verkehrsun-
fälle erinnern sollen. Die Friedhöfe riechen zu Allerheiligen und Allerseelen, besonders nach der Gräber-
besprengung, wenn der Priester, flankiert von seinen
beiden Ministranten, die Gräber mit Weihrauch beräu-
chert und mit Weihwasser besprengt, nach weißen und
gelben Chrysanthemen, nach brennenden Wachsker-
zen, zuckend verlöschenden Flammen, rauchendem
Docht, sich von Grab zu Grab verflüchtigendem Ker-
zenqualm. Es ist warm geworden zwischen den Grab-
steinen und in den Herzen der Toten. Sich in Stirn-
höhlen einnistende Maulwürfe gehen in Flammen auf,
kreuz und quer liegen Zündhölzer mit Bluttröpfchen
unter den schwarzen Maulwurfpfoten. Mehrere vor
dem Kriegerdenkmal brennende große rote Kerzen
knistern, krachen, blitzen und funkeln im fallenden
Pulverschnee. Schwarze, halbzerbröselte, hagere Zünd-
holzrippen liegen vor den Grabhügeln der beiden in
Heimaterde verscharrten Selbstmörder.

STERNSPRITZER AUF EISBLUMEN

In einer Bauernstube – neugierig stapfte ich am Heiligen Abend durch den Neuschnee – schmückten Kinder einen Christbaum mit silbernem Lametta und Engelshaar in der Herrgottswinkelecke so nahe am Fenster, daß die Zweigspitzen der Tanne die Scheiben berührten, und hielten langstielige, brennende Zündhölzer in ihren Händen. Die Funken der Sternspritzer prallten an die mit Eisblumen bedeckten Fensterscheiben und ans Glas des eingerahmten Bildes mit der Kärntner Fahne und dem Kärntner Heimatlied. Aus dem Flur roch es nach frischgekochten, fetten Schweinswürsten – das Fleisch war in Naturdarm gepreßt – und frisch geriebenem, die Tränendrüsen reizendem Kren. Dem betrunkenen, fluchenden Bauern, der drohte, sich das Leben nehmen zu wollen, riß im Stall vor den Köpfen der Stiere die Bäuerin – die Kinder putzten währenddessen weiter in der Bauernstube den Christbaum auf – das Gewehr aus den Händen, entlud es, schlug den Kolben so lange auf den Futtertrog, bis die Schrotflinte auseinanderbrach. Die vier Söhne auf dem großen, eingerahmten, im Flur an der Wand hängenden Bild, hinter dem ein paar Pfauenfedern steckten, trugen die Kärntnertracht, einen braunen Anzug und ein grünes Gilet mit eingesticktem Edelweiß. Drei Tage vor Weihnachten schlug der Bauer, der auf dem Misthaufen mit einer Eisenfalle einen Bussard gefangen hatte – den Hühnermarder, wie er ihn nannte –, mit einem Holzscheit dem vor sich hinstarrenden Vogel zwanzig-, dreißigmal auf den Kopf, bis er tot war und von den vier Kärntneranzugträgern im Misthaufen verscharrt wurde.

LOURDES WEIHWASSERTROPFEN
AUF DEM FENSTERKUVERT

Auch die halbblinde, gehörlose, stumme, Tag für Tag Buerlecithin trinkende, Worte von den Lippen ablesende, in Festtagskleidung auf dem Bett sitzende, leise Gebete flüsternde, jammernde und mit dem Rosenkranz spielende Magd hatte für ihre Lourdes Fahrten mit einer katholischen Reisebusgesellschaft nach Frankreich einen Identitätsausweis. Ihr grüner, österreichischer Reisepaß lag in einem Fensterkuvert (mit Blick zur Welt) im Kleiderkasten zwischen ihren Wäschebündeln und roch nach Speick. Sie starb, fast hundertjährig, in einem Bauernhaus, in dessen Stall einige Jahre zuvor die Bäuerin, die sich mit einem Kalbstrick aufgehängt hatte, mit kotigen Stiefeln am Balken hing. Der Strick knarrte in dem Augenblick, als ihr schwerhöriger und gehbehinderter Mann, der mit einem Kopfhörer und einer über seine Füße geschlagenen Decke im Wohnzimmer vor dem Fernsehapparat saß, sich einen folkloristischen Bericht über das Krampustreiben im Kärntner Lesachtal anzuschauen begann.

DEN BLUTBESPRITZTEN HIMMEL
ÜBERS DORF TRAGEN

Beim Fronleichnamsumzug durfte mein bäuerlicher
Vater nur die blaue Laterne, nie den Himmel tragen,
unter dem der Pfarrer, flankiert von seinen beiden mit
roten Kitteln bekleideten Ministranten, mit der hand-
tellergroßen geweihten Hostie, eingeklemmt im Ziborium der goldenen, mit duftendem Jasmin umkränzten
Monstranz, im Dorf von Hausaltar zu Hausaltar ging
und schließlich vor dem Kriegerdenkmal betend und
segnend stehenblieb, Weihwasser auf den Lorbeerkranz
mit der Kärntner Fahne spritzte, mit der feingliedrigen,
versilberten Kette des Weihrauchfasses rasselte und die
goldene Monstranz mit dem Leib Christi im Zeichen
des Kreuzes vor die in eine graue Marmorplatte einge-
meißelten Namen der Gefallenen des Zweiten Welt-
krieges hob. Die Weihwassertropfen auf den harten
Lorbeerblättern! Der Duft des Weihrauchs in den Ro-
senblüten, den weißen, roten und gelben, und die kleinen auf und ab laufenden roten Ameisen auf den harten,
stacheligen Rosenstengeln! Eine halbe Kompanie soll
der auf der Marmorplatte eingemeißelte Franz Hin-
terfeldner mitgenommen haben, so ein überlebender
Kriegskamerad, bevor zwei Handgranaten seine Eingeweide aus dem Bauch fetzten und seinen Schädel vom
Hals rissen.

BLUTORANGENFLECKEN
AUF DEN HOLZSPIESSEN DES PALMBESENS

Der große, strenge Knoten auf dem Rücken des mit einem violetten Tuch verhüllten Altarkruzifixes in der Karwoche, in der, wie der Priester am Palmsonntag verkündete, die Kirchenglocken davon, in den Himmel hinauf geflogen sind und zur Auferstehung Christi wiederkehren werden, erinnert an die beiden glatt übereinanderliegenden, von einer Sicherheitsnadel festgehaltenen Streifen der rotweißroten Fahne am rechten Beckenknochen des österreichischen Bundespräsidenten und Staatsoberhauptes, des Oberbefehlshabers des Bundesheeres, der in einer Wiener Kaserne dem Aufmarsch der in den Boden stampfenden Rekruten in Anwesenheit des Verteidigungsministers beiwohnte, während die Kinder in der Schule die selbstgemalten rotweißroten, welligen Wasserfarbenfähnchen in Augenhöhe hielten, die Fingerspitzen rotgefärbt und Fingernägel abgebissen, mit Gänsehaut und leicht schlotternden Beinen: Land der Berge, Land am Strome, Land der Äcker, Land der Dome ... sangen. Nach der Palmsonntagsmesse, mit dem Palmbesen in der Hand, auf dem braune Schokoladebrezeln hingen und in knisterndes Papier eingehüllte Moroblutorangen aufgespießt waren zwischen Palmkätzchen und dem stacheligen Kranewitt, verdrehten auf dem Friedhof, vor den Gräbern ihrer Verwandten stehend, die Kinder ihre kahlgeschorenen Köpfe und schauten auf den Kirchturm, dem die Glocken abhanden gekommen waren, und in den Himmel hinauf. Nicht selten wurde das auf dem Moro

Orangenpapier abgebildete Negermädchen mit den großen goldenen Ohrringen von den zugespitzten Holzstäbchen des Palmbesens am Hals aufgespießt und ihre Augen durchlöchert. Und ebenfalls nicht zu vergessen – neben der schwarzen Krawatte, die der Lehrer unter seinem Adamsapfel verknotete – das schwarze Nylonband am eingerahmten, über der Tafel an der Wand hängenden Bild des österreichischen Bundespräsidenten Adolf Schärf in dem nach braunen Holzbodenöl riechenden Klassenraum der Dorfvolksschule. Überübermorgen ist Staatsbegräbnis, überübermorgen ist schulfrei! (Das Wort Staatsbegräbnis habe ich damals nicht falsch verstanden.)

MIT ROSAROTEM ZUCKER AUF LEBKUCHEN
GEKLEBTES KRAMPUSBILD

Gemeinsames Abbeißen von einem Stück Lebkuchen,
auf das mit feingesponnenem rosafarbenem Zucker ein
Krampus aufgeklebt war, der in seinem Buckelkorb
zwei schreiende Kinder, einen Jungen und ein Mädchen, gefangenhielt.

Gegrinst haben wir – wie kleine Verückte – mit unseren
kariösen Kinderzähnen zwischen den aufgesprungenen
Lippen, wenn wir durch die Luft wirbelnde Schneeflocken fingen. Bevor der eine dem anderen beweisen
konnte, daß er mehr Schneeflocken gefangen hatte, waren sie zerronnen in den nassen, kalten Kinderhänden.

Beim Werfen matschiger Mostbirnen – wir zielten nur
auf die Köpfe – achteten wir darauf, daß sich noch im
Birnenflug ein paar Wespen vom süßen Fruchtfleisch
ernähren und schließlich mit der faulenden Birne auf
dem Augapfel oder auf den aufgesprungenen Lippen
des Schulfeindes aufpatschen und zustechen konnten.

HEIDELBEERSCHMAUS NACH DEM
KINDERBEGRÄBNIS

Kommt ein Vogerl geflogen, setzt sich nieder auf meinen Fuß, hat ein Brieflein im Schnabel von der Mutter
einen Gruß! summten wir schwarzgekleidete, das Weih-
rauchfaß und die kupferne Weihwasserkanne mit dem
silberborstigen Weihwasserwedel tragende Ministranten, als wir in den Bergen in Begleitung des schwarzgekleideten Priesters, angeführt vom blöden, zahnlosen
Poldl, der an einer langen schwarzen Stange das über
alle Köpfe ragende goldene Kruzifix trug, auf das eine
schreiend flatternde Brieftaube gebunden war, hinter einem kleinen weißen mit Margritten und Engelsflügel
geschmückten Kindersarg hergingen. Mariele! Mariele!
schrie die Mutter, als das weiße Särgchen mit den mar-
grittenverzierten Hanfstricken ins ausgehobene Erdloch, in dem sich halbierte Regenwürmer krümmten,
hinabgelassen wurde. Die beiden Engelsflügel, die nicht
mitbegraben wurden, banden wir einander, der eine half
dem anderen, an unsere Schultern, liefen über die gelben Stoppelfelder in den Fichtenwald und sammelten
Heidelbeeren in unsere löchrigen Strümpfe, steckten
Herrenpilze und Eierschwämme, Parasol und die orangefarbenen Reizker in die Hosentaschen. Im Frühjahr,
wenn sich die Erde auflockerte, brachten wir ein Büschel Maiglöckchen, eingehüllt in eine blaue Bensdorp
Schokoladeschleife, ans Kindergrab und steckten es
vorsichtig in die Erde, gruben es nicht zu tief hinein, da
wir befürchteten, auf den Kopf des toten Kindes zu
stoßen. In einem kleinen Schnapsglas mit einem aufge-

druckten blauen Enzian war ein kleines Büschel mit einem roten Gummiring zusammengehaltener violetter Veilchen eingefrischt. Die Echten, nicht die Hundsveilchen! hat die Mutter gesagt. Die Echten sind dunkelviolett, die Hundsveilchen sind hellviolett, die Echten duften, die Hundsveilchen haben keinen Geruch! hat die Mutter, immer noch eingehüllt in schwarze Kleider und mit tiefen Rändern unter den Augen, gesagt vor dem Grab von Mariele, als sie wieder eine Kerze anzündete, betete und weinte.

DAS BELEUCHTETE
NÄHMASCHINENNADELÖHR

An der Singer Nähmaschine brennt eine kleine, die senkrecht auf- und abzuckende Nadel beleuchtende Glühbirne. Holz knistert im Sparherd. Auf dem Rand der heißen Herdplatte steht ein Wassertopf mit eingeweichten Hagebutten. An ihrem rechten Daumen steckt ein silberner, gerillter Fingerhut. Ihre Unterschenkel – ein Venenleiden – sind eingewickelt und eingefascht von braunen, elastischen, vom vielen Waschen schon leicht aufgerauhten Binden. Auf dem Kopf trägt sie ein rotweißkariertes Wolltuch. (Sie schläft auch nachts mit einem Kopftuch.) Ihr Haupt zum Fensterkreuz hebend, nimmt sie einen schwarzen Zwirnfaden zwischen ihre Lippen und zieht mit den Zähnen daran, während draußen Neuschnee auf die gefrorene Erde ihres Gemüsegartens fällt. Sie steckt die speichelfeuchte Spitze des schwarzen Zwirnfadens ins beleuchtete Nadelöhr und zieht den Faden durch. Sie steht auf, hockt sich vor der Küchenanrichte nieder und trinkt aus einer grünen Flasche einen Schluck Weihwasser, das ihr Sohn, der Erzministrant, in der Kirche aus dem großen Weihwasserfaß geschöpft und nach Hause getragen hat. Leise hat er den Kupferdeckel, am Kruzifix an der Deckelspitze anfassend, auf das Weihwasserfaß zurückgesetzt. Man hört das Ticken der großen Küchenuhr, das Rattern der Singer Nähmaschine, das Krachen harziger Holzprügel im Sparherd, das leise Knistern der drei brennenden Kerzen am Adventkranz. Zwei, drei Insekten schwimmen im heißen, flüssigen Wachs einer Kerze. Lautlos

fällt draußen vor den alten, verschwommenen Fensterscheiben der Schnee auf die hartkrustig gefrorenen
Maulwurfhügel. Neben dem Marillenbaum glitzern
Schneekristalle auf den Blättern der hochgewachsenen
und buschigen Immergrünstaude, mit deren Zweigen
ringsum der Sarg der Großmutter mütterlicherseits geschmückt wurde.

DREI, VIER LORBEERBLÄTTER
INS SZEGEDINERGULASCH

Meine Großmutter väterlicherseits, die dicke Theresia Winkler, geborene Jesenitschnig, sagte einmal zu meiner Mutter: Jetzt ist es auch schon wieder fünf Jahre her, seit die Muata hin is! – Das hat mir sehr weh getan, beklagte sich die Mutter bei mir, wie kann sie nur sagen, daß meine Mutter hin ist, wie kann sie nur das Wort hin gebrauchen, das sagt man doch nur bei Tod und Sterben eines Tieres! – Gestorben ist meine Großmutter mütterlicherseits bald nach dem Zweiten Weltkrieg, in dem sie drei Söhne in jugendlichem Alter verloren hatte, an Herzschwäche, wie es hieß, aber der Arzt vom anderen Ufer der Drau soll ihr eine überdosierte Herzspritze gegeben haben. Sie brach danach zusammen und war tot, auf der Stelle. Aber Mame, sagte ich damals als Kind zur Mutter, nimm es nicht besonders ernst, es heißt ja auch hingegangen, denk dran, hin ist ein schreckliches, aber hingegangen ist doch ein schönes Wort! Sie stöhnte leise, zuckte ungläubig mit den Achseln und raschelte aus einer aromaversiegelten Packung ein paar getrocknete und zerknitterte Lorbeerblätter ins Szegedinergulasch.

DIE GUTE HAUT

Ich bleibe oft bei Immergrünstauden stehen, besonders nach einem Regenguß, zupfe ein paar Blätter ab, zerbrösle sie, rieche daran. Damals, als ich drei Jahre alt war, nahm mich die kinderlos gebliebene Taufpatin Theresia Ragatschnig, *die Gute Haut*, wie sie als allseits geschätzte Dorfhelferin, Kuchen- und Tortenbäckerin genannt wurde, an der Hand, führte mich über die breite knarrende, mit einem groben, roten Teppich ausgelegte breite Holzstiege ins Aufbahrungszimmer meiner Großmutter mütterlicherseits, die früh hingegangen war, und hob mich über den mit Immergrün geschmückten, hoch auf einem Katafalk stehenden Sarg, deutete auf das aschfarbene, eingefallene Gesicht meiner Großmutter und flüsterte: Schau, Seppl, schau! Bis zu diesem Augenblick kann ich mich zurückerinnern, mit diesem Augenblick setzt die Flut meiner Erinnerungsbilder ein. *Laß mich durch deine Nägelmal erblicken meine Gnadenwahl; durch deine aufgespaltne Seit mein arme Seele heimgeleit.*

JESU CHRISTI KNOCHENSPLITTER
IN DER SPEISERÖHRE

Gehört? In der Kirche? Gehört habe ich vor allem die lauten Gebetsstimmen – sich selbst zerbröselnde Gebetsmühlen – einzelner Gottesdienstbesucher, deren charakteristische Kehlkopflaute bis ans Ohr des Messe zelebrierenden Pfarrers dringen sollten, der ihnen bei der Predigt Lob spendete für ihren Eifer.

Gesehen? In der Kirche? Lange starrte ich als Zelebrationskittel tragender Erzministrant auf Jesu goldlackierten, abbröckelnden Lendenschurz und stellte mir seine mit Blattgold belegten Geschlechtsteile vor. Ich ließ mich erst wieder aufschrecken, wenn der Priester die handtellergroße Hostie aus dem Ziborium der Monstranz nahm, sie über dem goldenen Kelch brach – *Der Herr brach das Brot / Das Brot brach den Herrn* – und ein paar Knochensplitter vom Leib Christi aufs frischgewaschene Altartuch fielen. Sorgsam, mit traurigem Blick, sammelte er die Reste der hochheiligen Mehloblate auf, putzte sie vorsichtig mit der Zeigefingerspitze in den goldenen Kelch, goß Meßwein drauf, der sich längst in Christi Blut verwandelt hatte, hob das Haupt zum Altar und spülte die Knochensplitter in seine Speiseröhre hinunter.

MIT KREUZEN AUSTAPEZIERTER
TABERNAKEL, BITT FÜR UNS

Ich kniete vor dem Altar. Ich war zwölf und erregt. Der rote Ministrantenkittel war weit geschnitten. Das rechte Knie rutschte zur Seite. Mit der rechten Hand stützte ich mich an der oberen Stufe, richtete mich wieder auf, legte die feuchten Hände, zum Gebet faltend, aneinander, die Fingerspitzen an die Lippen. Der mißtrauische Pfarrer, der mit einem jungen Bäcker befreundet war, verdrehte langsam seinen Kopf und blickte über seine linke Schulter leicht verächtlich zu mir hinunter, ehe er, die große Hostie, die er zwischen Daumen und Zeigefinger der linken und rechten Hand hielt, anbetend in die Höhe hob, sich der goldenen, vor dem offenen, mit goldenen Kruzifixen austapezierten Tabernakel stehenden Monstranz zuwandte und Corpus Christi! rief. *Jesus, du hast weggenommen meine Schulden durch dein Blut; laß es, o Erlöser, kommen meiner Seligkeit zugut; und dieweil du so zerschlagen hast die Sünd am Kreuz getragen, o so sprich mich endlich frei, daß ich ganz dein eigen sei.*

WAHRES
SCHOKOLADEOSTERLAMM

Wenn aus mir tatsächlich ein katholischer Priester geworden wäre, würde ich am Ostersonntag von der mit weißem und violettem Flieder geschmückten Kanzel predigend verkünden: *Überwinder, nimm die Palmen, die dein Volk dir heute bringt, das mit frohen Osterpsalmen den erkämpften Sieg besingt. Wo ist nun der Feinde Pochen und der Würger Mordgeschrei, da des Todes Nacht vorbei und sein Stachel ist zerbrochen? Tod und Hölle liegen da: Gott sei dank, Halleluja!* Und wenn ich morgens auf meinen aus dem georgischen Dorf Beschtaschen stammenden Gebetsteppich knie, lasse ich den zahnlosen Bischof wieder aufleben, der ein enthäutetes, noch blutendes, aber ausgeweidetes Lamm mit einer Auferstehungsfahne dreimal im Zeichen des Kreuzes in die Höhe hebt und schreit: Hitler von Nazareth, König der Juden! denn ich habe so einen Haß auf die katholische Kirche, daß ich am liebsten mit einer Kirchturmspitze aufs Herzjesu zulaufen möchte.

ALMRAUSCH UND ENZIAN
VON DER BLUTIGEN ALM

In diesem Augenblick, während ich die Füllfeder aufs Papier setze, sehe ich ihn in seinem von verstaubten Spinnweben behangenen, von kotbespritzten Glühbirnen düster beleuchteten Stall mit einer Mistgabel zwischen zwei Kühen stehen. Er hebt den Kopf und blickt mit zusammengekniffenen Augenlidern überrascht zur aufgehenden Stalltür. Der eine mit goldenem Ornat verzierte Bischofsmütze tragende Nikolaus stößt mit dem Bischofstab den ältesten Sohn des Bauern in den Stall hinein.

Wenige Sekunden später – noch zu diesem Augenblick gehörend – dieses Bild: Wenn er im Schneetreiben mit seinem spitzen Gesicht, den speckigen Filzhut auf dem Kopf, die im letzten Moment vor Frost und Reif von der *Blutigen Alm* – es soll hier im Ersten Weltkrieg zu einer Schlacht gekommen sein – zurückgekehrten, mit Blumen bekränzten Rinder über den Dorfhügel hinunter in den Stall trieb und dabei grinsend mit leicht verstellter Stimme: Vor der Kaserne, vor dem großen Tor ... sang. Und steht sie noch davor! Und steht sie noch davor! hörte man ihn lautstark zwischen dem Kettengerassel im Stall. Am Hutband steckte ein Büschel Almrausch und Edelweiß, zusammengequetscht waren die drei, vier blauen Enziankelche.

Außerdem: tagealte, zwischen den Zähnen seiner Oberkieferprothese gelb herausleuchtende Polenta.

Und nicht zu vergessen: Er saß auf dem Küchendiwan, mit den von seinem Vater geerbten Krankenkasse-augengläsern auf seiner Nase. In den auseinanderge-breiteten Händen hielt er die Flügel der Volkszeitung. Seine knochigen, bleichen Füße tauchte er in eine Waschschüssel hinein. Mit seinen Zehen spielte er mit einer sich langsam im Wasser aufweichenden und das Wasser trübenden Terpentinseife, auf der ein Hirsch-kopf eingeprägt war. Nachdem er eine Zeitlang in der Zeitung gelesen hatte, zog er einen Fuß an, setzte die nasse Ferse – Seifenwasser tropfte von den Zehen – auf den Rand des Diwans und schnitt mit einer Beißzange, mit der er auch neugeborenen Ferkeln die Zähne ab-zwickte, seine lang gewordenen Zehennägel ab. Wasser-lachen und schmutzige Zehennägel lagen rings um die Waschschüssel mit dem dünnen blauen Rand. Die Waschschüssel mit der glitschigen Terpentinseife – der Hirschkopf war nur mehr schemenhaft zu erkennen – trug die Mutter in die Schwarze Küche und leerte sie im Waschbecken aus. Nach dem Mittagessen kehrte sie die Küche aus und warf den Kehrichthaufen mit den abge-schnittenen Zehennägeln in eine Jauchenlache vor dem Misthaufen, in der bereits mehrere abgeschlagene Hüh-nerköpfe mit offenen Augen und gelbe Hühnerfüße mit langen, gekrümmten und schmutzigen Krallen lagen.

DIE GEKREUZTEN STECKENPFERDCHEN
AUF DEM SPARBÜCHLEIN

Ob ich mich am allerelendsten gefühlt habe, weiß ich nicht mehr genau, in jedem Fall habe ich mich elend gefühlt, nachdem der Vater – ich war elf oder zwölf – entdeckte, daß ich von meinem eigenen Sparbüchlein Geld gestohlen hatte, um Karl May Bücher kaufen zu können. Die verstorbene, dicke, unvergeßliche, zahnlose Großmutter, die geborene Jesenitschnig, hinterließ, nachdem auch sie hingegangen war, jedem Enkel fünfhundert Schilling, aufgehoben und aufbewahrt in den Sparbüchern der Raiffeisenkasse. Ein paar Jahre nach ihrem Tod – sie hatte die letzte Spritze vom Doktor Plank in den pferdeflankenbreiten, weißen Arsch bekommen, und die Wehleidige hatte das letzte Mal Au! Au! geschrieen, Doktor tu mir nicht weh! – nahm der Vater das Bündel Sparbücher aus der Schublade, legte es auf den Küchentisch und suchte seine geerbten Augengläser. Hochrot im Gesicht und mit Herzklopfen verließ ich die Küche, ging über die sechzehnstufige Holzstiege, über die des Nachts, vom Dachboden kommend, die langschwänzigen Ratten hopsten und einen Weg zum Keller zu den keimenden Erdäpfeln suchten, ins Schlafzimmer und verkroch mich unter dem Bett. Der Bruder, der mein Versteck kannte, riß triumphierend die Tür auf und rief in barschem Ton: Gemma! Obe! Der Ertappte trippelte über die abgetretene, glatte Stiege hinunter, öffnete die Küchentür, spielte den Ahnungslosen und rief, schon an der Türschwelle stehend, gelangweilt, arrogant und vorwurfsvoll: Was ist denn?

Über den Rand der geerbten Augengläser blickend, starrte mich der Vater an. Langsam näherte ich mich dem Küchentisch. Bua, wo hast du dein Geld? Raus mit der Sprache! – Nix, ich hab mir Bücher gekauft! Er schob mein gelbes Sparkassenbüchlein mit den gekreuzten Steckenpferdchen zur Seite und sagte kein Wort. – Ich war noch keine fünf Jahre alt, ich stand im Gitterbett, der Doktor Plank wollte mir eine Spritze geben und kam mit der Nadelspitze, an der ein Tropfen hing, auf mich zu, als ich zur Belustigung aller ums Krankenbett Herumstehenden Schleich dich! rief, damals, als die Wehleidige und zahnlos Au! Au! Schreiende noch lebte und an ihren Lippen kauend durch das Fenster auf den Fichtenwald hinausschaute und die Tschufitl, den Totenvogel, suchte.

KOKOSRASPELN AUF DEN
SCHWEDENBOMBEN

Elend fühlte ich mich auch, als ich einmal an der Straße einen Haselnußstecken in den Hohlkörper eines weißen Betonstraßensteins stieß, aus dem ich, unterwegs mit einem gestohlenen Zehnschillingtaler zum Deutsch, um mir mit Kokos bestreute Schwedenbomben zu kaufen, immer wieder das Zwitschern frisch geschlüpfter Vögel gehört hatte. Danach aber war kein Laut mehr zu vernehmen. Unzählige Male flog die Schwalbenmutter über der Straße hin und her, während ihre Jungen im weißen Rhombus des Straßensteins verwesten. Unweit von diesem Straßenstein kniete ich oft auf dem Asphalt nieder und betete Geh, o heiliger Engel mein!, wenn eine Rotkreuzrettung mit Blaulicht und Sirene die Straße entlangfuhr. *Geh, o heiliger Engel mein, für mich in die Kirch hinein! Knie dich an meinem Ort, hör für mich die Messe dort! Bei der Opferung bring mich dar, meinem Gotte ganz und gar! Was ich hab und was ich bin, leg als Opfergabe hin!*

ROTE EISBLUMEN AUF GEFRORENEN
BLUTLACHEN

Unter das Bett im Schlafzimmer verkroch ich mich, wenn ein Schwein am elterlichen Hof geschlachtet wurde. Wenn mit dem Puffer, der mit den Patronen in einer Holzschatulle lag, der tödliche Schuß abgegeben wurde, zuckten meine Füße und schlugen am Bettfuß an. Draußen wurde es wieder still. Schneeflocken fielen. Ich betete für das Schwein, das im Trog auf Ketten lag, mit heißem Wasser überbrüht und mit Kolophonium eingerieben wurde von der Hand der Magd. Am Rande des Haartroges standen gefüllte Schnapsgläser, auf denen ein blauer Enzian aufgedruckt war. Der Bauer und der Knecht zogen an den rasselnden Ketten und enthaarten das Schwein. Die restlichen Haare schabten sie mit scharfen Messern von der weißen Haut. Um das Stocken des Blutes zu verhindern, rührte die Magd mit dem hölzernen Kochlöffel in der Waschschüssel mit dem dünnen blauen Rand, in der am Wochenende die Kinder mit der Terpentinseife, auf der ein Hirschkopf eingeprägt war, den mageren Oberkörper mit den hervorstehenden Rippen und ihre Achseln wuschen und in die sie ihre Füße eintauchten. War das Schwein ausgenommen – man warf den Magen auf den Misthaufen – und auf einem Holzgerüst gekreuzigt, lagen büschelweise Schweineborsten und blutige Klauen am Rande des Misthaufens in einer blutigen Wasserlache. Um die räudigen Katzen zu verjagen, hielten die Kinder abwechselnd Wache vor dem aufgehängten Torso, der mit einem blutbefleckten weißen Leintuch umhüllt war, mit einem Fichtenknittel in der Hand. Aufgespießt auf einen Kreuzigungsnagel am Holzgerüst war der Kopf des Schweins mit der blutigen Schnauze, den geschlossenen, verschwollenen Augen und zusammenklebenden, blutigen Augenlidern. *Herr, was sind wir, daß du Engel uns zu unsern Wächtern gibst? Engel sinds, die nach den Proben nun beständig Gutes tun, die dich unaufhörlich loben, die in deinem Himmel ruhn, die gehorsam, keusch und rein, die der Menschen Freunde sein, die ihr Antlitz ohne Flecken doch vor dir in Demut decken.* Am nächsten Tag zertraten wir die roten Eisblumen auf den eingefrorenen Blutlachen.

JOHANNISBROT,
ZERSTÜCKELTE TOTGEBURT EINES KALBES UND HALBBLUT

Die einfältige Nachbarsfrau, die uns öfter das harte, bittere Johannisbrot brachte, das wir Boxhörnderln nannten, an denen wir wohl eine Zeitlang lutschten, bis uns grauste und es im Futtertrog landete und von den Schweinen zerbissen wurde, und die unter Schwachsinnigen, Geistesgestörten und Alkoholikern ihr Leben verbringen mußte – ihr schwachsinniger, dem Villacher Bier verfallener Sohn verunglückte mit einem Motorrad tödlich – und schließlich selber in geistiger Umnachtung starb, kam wieder einmal zu Besuch, sah mich beim Lesen eines Karl May Buches und rief sofort aufgeregt neben meinem Vater: So einen Schund liest er! Seither war der Vater gereizt, wenn er mich in einem Karl May Buch blättern sah, sprach ebenfalls von Schund und Schmutz und ermahnte mich, zu den Schulbüchern zurückzukehren. Mach deine Rechenaufgaben, Rechnen, das ist dein schwarzer Punkt! Dann tauchte der Tierarzt auf, der immer einen weißen, sauberen Mantel trug: Was liest du denn da? – Karl May! antwortete ich forsch und hob stolz das Buch, damit er den Umschlag vom Halbblut erkennen konnte. Sehr schön! sagte der Tierarzt, und ließ mich, während er seine Hände wusch, nicht mehr aus den Augen. Von diesem Augenblick an konnte ich, neben dem Vater auf dem Diwan sitzend, Karl May Bücher lesen. Dieser Tierarzt bestand darauf, daß ihm nach seiner Arbeit eine Waschschüssel mit frischem Wasser, Terpentinseife und ein frisches, gebügeltes Handtuch bereitgestellt wurden. Meistens bekam er auch eine neue Terpentinseife, auf der man den einge-prägten Hirschkopf noch sehen konnte. Seine Hände und Arme, die oft kotbeschmiert waren, wenn er in die Scheide einer trächtigen Kuh greifen, nach dem Kalbsembryo tasten, seine Lage überprüfen oder wenn er im Mutterleib eine Totgeburt mit einer Drahtschlinge zerstückeln und die Leichenteile herausziehen muß-te, wusch er immer in der Küche, nie im Stall. Die Kinder dieses Tierarztes verließen Kärnten und Österreich in den Achtzigerjahren, alle wanderten sie nach Amerika aus.

Vom frühen Kindesalter an habe ich darunter gelitten, wenn die Mutter auf die Frage, ob ich mir, wie der Leh-rersohn, auch ein Buch kaufen könne, bestimmend fest-stellte: Für Bücher haben wir kein Geld! Damals aber verkaufte ich in der Dorfvolksschule landauf und land-ab – bis in die Berge, bis zur Waldgrenze stieg ich hinauf – für den Buchclub der Jugend die allermeisten Lose und bekam dafür vom Lehrer den Hauptpreis. Es war Der glückliche Prinz von Oscar Wilde. Später stahl ich vom Patriarchen Geld, um mir Bücher kaufen zu kön-nen, zuerst Karl May Bücher, später Die Pest, Der Fremde, Der alte Mann und das Meer, Das Spiel ist aus, Der Schatten des Körpers des Kutschers, Abschied von den Eltern. Stehend las ich als Sechzehnjähriger im voll-besetzten Omnibus, der uns nach Schulschluß wieder ins nebelverhangene Dorf brachte, Finnegans Wake, verstand keinen Satz, spürte nur den Rausch der Worte, und alle Omnibusinsassen sollten auf den Umschlag des Buches blicken können: James Joyce, Finnegans Wake.

DAS AUGENLID GOTTES

Das schlechte Gewissen nagte tagelang in mir, nachdem ich im väterlichen Heustadel mit einer Gabel ein Schwalbennest aus einer Ecke gestochert hatte, so daß die nackten, schreienden Jungvögel auf den Tennboden patzten. Die noch zappelnden Tierchen durchstach ich mit einer spitzen Heugabel, sie waren nicht sofort tot, aber ich hatte Angst vor dem Gnadenstoß, ich deckte die Sterbenden einfach mit Heu zu, ich begrub sie im Heustock. Schreiend und verwirrt flog eine Schwalbe aus und ein. Da das Zwitschern der sterbenden Tiere nicht verstummte, stampfte ich sie mit meinen Füßen noch tiefer ins warm dampfende Heu. Mein Mordwerkzeug in der Hand haltend, stand ich auf den morschen Brettern des spinnwebenbehangenen Heustadelbalkons und schaute lange und traumverloren auf den Boden hinunter, Haferkörner lagen vor der Pferdefutterkiste. Ich hatte Angst, ich schaute um mich, schaute in den Himmel hinauf, ich wußte, selbst hinter den Heustadelspinnweben kann sich das Auge Gottes, von dem der Pfarrer oft sprach, verborgen halten. Ich faßte den Entschluß, meine Schandtat zu beichten. Ich kniete vor dem schwarz gestrichenen Beichtstuhl und starrte auf die in Kreuzform eingestanzten Löcher des Gitters, das den Beichtvater vom Beichtenden trennt. Ich roch den Zigarettenatem des Pfarrers. In den Löchern des Holzgitters suchten wir unsere Augen. – Kennst du nicht das sechste Gebot? Du sollst nicht töten! Aber du hast eine Todsünde begannen. Rette deine Seele! Sonst kannst du nie mehr in den Himmel kommen. Knie an den Altar und bete hundert Vaterunser! Grab die Schwalben aus dem Heu und bestatte sie in der Erde. Bet mit mir, mein Sohn: *Ach an dir hab ich gesündigt, Gott, mein Vater, ohne Scheu; dir hab ich oft aufgekündigt meine schuldge Kindestreu. Ach, vergib, was ich getan; nimm mich doch erbarmend an, führe mich vom Sündenpfade schnell zurück durch deine Gnade.* – Mit meinen schwarzen Ministrantenmantel bekleidet, lief ich über die Dorfstraße, wühlte im dampfenden, heißen Heustock, trug die vier nackten Vogelleichen zum Friedhof hinunter und legte sie auf dem Friedhofabfallhaufen sorgfältig nebeneinander unter einen modernden Kranz mit rosaroten und roten Plastikrosen.

Der Pfarrer rauchte die schwarzen Smart Export wie mein Großvater mütterlicherseits. Beide hatten sie vom Zigarettenrauch gebräunte Zeigefinger, beide gewölbte Fingernägel. Mein Großvater mütterlicherseits war Bauer und eine Zeitlang Bürgermeister der Gemeinde Paternion, der sofort sein Amt zur Verfügung stellte, als die Nazis die Macht übernahmen, und der im Zweiten Weltkrieg drei Söhne im jugendlichen Alter verloren hatte. Er spielte Zither, fuhr von Kärnten nach Wien, um sich in der Staatsoper die Zauberflöte anzusehen, er bekam den ersten Fernseher im Dorf, hielt neben seinen Stalltieren zwei Pfauen, und mit dem Pfarrer gemeinsam gab es einmal einen Weinbergschneckenschmaus auf seinem Bauernhof.

FLEISCHWOLF
SCHREIBMASCHINE

Mit den sogenannten Lieblingsautoren habe ich in den Jahren meiner Lesetollwut aber auch so fürchterlich gerungen, daß ich oftmals die Vorstellung hatte, daß ich mich damals, als Kind, nach dem Mord an den Schwalbenjungen doch über den Heustadelbalkon in den halb mit Hafer gefüllten Pferdefuttertrog hätte stürzen sollen, dann wäre mir vieles erspart geblieben, das Lesen der Bücher meiner sogenannten Lieblingsdichter auch. *Wie die Schandtaten des Romans in den Schaufenstern zusammenhocken! Einem Menschen, der sich verliert wie ein anderer für ein Hundertsousstück, ist es manchmal zumute, als müßte er ein Buch töten.* Seit ich die Bücher von Genet nicht nur gelesen, sondern mir Satz für Satz einverleibt und mir meine eigenen Bücher mit dem Fleischwolf der Schreibmaschine aus Leib und Seele geschrieben habe, hab ich nur noch selten das Gefühl, nur schreibend existieren zu können.

Von den Büchern, die ich mit mir in einer Ledertasche – Leder ist Haut – herumtrage, lese ich am liebsten die, die ich mühsam entziffern, Satz für Satz erobern muß, denn sobald mich die Sätze in einem Buch beim Lesen mitzutragen beginnen, ich ihre Leichtigkeit, Lockerheit und Selbstzufriedenheit zu spüren, ja auch zu genießen beginne, lege ich das Buch weg und höre zu lesen auf. Wenn sich mir ein Satz nicht wie ein Mühlstein um den Hals hängt, wozu soll ich ihn dann loswerden?

GANGESDELPHINE UND
PELIKANFÜLLFEDER

Wenn ich die ersten Aufzeichnungen im Notizbuch, verglichen mit dem fertigen Satz, nicht mehr wiedererkenne, beginne ich zu hoffen, nicht umsonst mit verbundenen Augen durch die Welt gegangen zu sein. Nein, nein, ich blute nicht bei jedem Satz, ganz im Gegenteil, die Blutzufuhr kommt erst in Gang, wenn ich den Satz zwanzigmal bearbeitet habe und erst danach das Gefühl bekomme, jetzt ist er es wert, umformuliert oder zerstört zu werden.

Füllfederhalter mit stumpfen, harten Stahlfedern, die sich ständig gegen die Sätze sträuben, können mich zur Weißglut treiben, ich brauche zum Schreiben die nach allen Richtungen ausschwingenden, weichen Flügel einer Goldfeder mit dem schönen Namen Pelikan, die ich da und dort, auch am Ufer des Ganges, ins kleine indische Tintenfaß eintauche, dabei den in den Fluß ein- und wieder auftauchenden Gangesdelphinen zuschauend. Oft schrecke ich nachts mit Herzklopfen aus einem Traum auf, irre in der Wohnung umher und suche meine Füllfeder, die ich ohnehin nicht verlegt, die ich am Abend sorgfältig in eine schöne, handbemalte Schatulle aus Kaschmir gelegt habe, auf der Gazellen äsen und über die Steppe laufen.

DIE KREIDEBLEICHEN

Der Felfernig Hannes und die Felfernig Alberta stemmten sich bei der Einschulung schreiend gegen den eingeölten schwarzen Holzboden im Flur des Schulhauses und mußten von Lehrer und Mutter in den Klassenraum hineingezogen werden. Ihr Jaulen und Zwillen, das ich noch heute im Ohr habe, erinnerte mich an das angsterfüllte Schreien von Schweinen, die mit einem kotbeschmierten Hanfstrick, der um den rosaroten Unterkiefer geschlungen war, zur Schlachtung aus dem Stall gezogen wurden.

Wir sollten uns im Apollokino *Hängt ihn höher* mit Clint Eastwod anschauen! sagte ich zu meinen Schulkameraden, als wir, über die Eisenbahnbrücke, an einer Kinoplakatwand vorbei, zur Handelsschule gingen und mich ein Schulfeind am Ohr zog, so daß ich mit hochrotem Kopf auf Zehenspitzen auf dem Asphalt stand und er mehrere Male Hängt ihn höher! kreischte.

IN ALLER RUHE FRISCHE FEIGEN

Zum Glück ließ sich Jean Genet nicht einäschern, sonst könnte er sich nicht im Grab umdrehen, wenn ... Damals, in Marokko, an seinem Grabstein sitzend und von lilafarbenen frischen Feigen abbeißend, abwechselnd auf die Inschrift des Ersatzgrabsteins und hinaus aufs Meer schauend – der Originalgrabstein wurde, wie man weiß, gestohlen –, hatte ich nichts zu sagen, fand keine Worte, war auch entsetzt, da ich keine besonderen Gefühle hatte – auf die ich natürlicherweise hoffte, als ich in München ins Flugzeug stieg –, ich wollte nur noch, müde vom stundenlangen Suchen des völlig verwahrlosten, kleinen, spanischen Soldatenfriedhofs in Larache, ausruhen und in aller Ruhe die Feigen an seinem Grab aufessen. Für ein Foto setzte ich mich an sein Grab, ließ mich ablichten und lauschte andächtig auf das Geräusch seiner sich unter der Erde drehenden und umwendenden fleischlichen Hülle.

Mit Pompes funèbres von Jean Genet in der grünen, zerfledderten Jackentasche stand ich als Jugendlicher auf der Villacher Eisenbahnbrücke und drückte mein Lippen an das mit Rauhreif überzogene Eisengeländer. Das Geratter Partezettel druckender Maschinen näherte sich auf Schienen. Die Lokomotive pfiff. Ich verdrehte meinen Kopf. Lippenfetzen blieben am Eisengeländer hängen. Mit brennenden und nach Blut schmeckenden Lippen verließ ich, durch den pulvrigen Neuschnee stapfend, die Eisenbahnbrücke. Die eintätowierten Sätze – manche hingen mir lange wie Sträflingsketten aus dem Mund – beginnen an meinen Unterarmen zu verblassen: *Ein schwarzes Blut läuft schon aus seinem Mund, und aus seinem offenen Mund tritt noch sein weißes Phantom.*

ASPIRIN AUF DER
SINGER NÄHMASCHINE

Die Schachtel Aspirin auf der Singer Nähmaschine in
Venedig, als ich am Lido angekommen war – ich war
schließlich ein schöner Jüngling –, um den Tod in Venedig nachzuspielen, und auf der Terasse des Grand
Hotels aus den Gesängen des Maldoror Sätze ins Notizbuch schrieb, ein paar Jahre nachdem ich sechzehn
geworden war und das erstemal von einem Herzstich
mit einer Nähmaschinennadel bei einem jungen Toten
gehört hatte.

DAVONFLIEGENDE
OSTERGLOCKEN

André Breton Was hält Unik von Geschlechtsverkehr
   in einer Kirche?

Pierre Unik Das interessiert mich überhaupt nicht.

Jacques Prévert Das interessiert mich nicht wegen der
   Glocken.

Raymond Queneau Ich setze nie einen Fuß in die Kirche, und werde ihn auch deshalb nicht dorthin set-
   zen.

Benjamin Péret Ich denke an nichts anderes als an Geschlechtsverkehr in einer Kirche und habe die größte
   Lust dazu.

André Breton Ich teile Pérets Meinung voll und ganz,
   und ich wünschte, daß es mit allem möglichen Raffi-
   nement passierte.

Benjamin Péret Ich würde bei dieser Gelegenheit gern
   Hostien entweihen und wenn möglich Exkremente
   im goldenen Kelch hinterlassen.

WORT HALTEN

Bald nach dem Erscheinen meines ersten Buches versprach ich einem jungen Mann, daß ich mich in den
nächsten Tagen entleiben werde. Als wir eine Zeitlang
später – ich war immer noch am Leben – einander auf
der Straße wiederbegegneten, sagte er in einem Tonfall
der Enttäuschung und des Vorwurfs: Weißt du, Josef,
gerade von dir habe ich erwartet, daß du *dein Wort*
hältst!

ÜBER MEINE EIGENE LEICHE
MIT DER KIRCHE UMS KREUZ GEHEN

Mir kann nichts passieren, ich bin allein, ich kann jeden Tag Hand an mich legen, so dachte ich selten, ich wußte immer, irgendwo hinterlasse ich eine Lücke, wenn man für mich frühzeitig ein Loch graben muß, aber dennoch, jetzt, da ich für meinen kleinen Sohn sorge, habe ich nicht einmal mehr die Freiheit, tagelang genußvoll daran denken zu können, daß ich eines Tages, wenn es soweit ist und wenn ich keinen Ausweg mehr zu finden glaube, mir das Leben nehmen, mich entleiben, oder wie man in Kärnten auf dem Land sagt, mich wegräumen könnte, so mir nichts, dir nichts. Wenn mich im Kärntner Drautal nicht so viele Menschen verachten und hassen würden, hätte ich mir längst schon den Garaus gemacht, aber denen den Gefallen tun? Nur über meine Leiche! Nein, nein, es bleibt dabei, die Lebenden sollen doch nicht von den Toten auferstehn, denn bei den Toten bin ich gerne, sie tun mir nichts und sind auch Menschen.

EIN BÜSCHEL PETERSILIE
UND UNGELÖSCHTER KALK

In seinem Tagebuch erinnert sich Julien Green an Jean Genet: An Genet habe ich nur schwache Erinnerung, aber sein Gesicht war das eine Häftlings, was ihn mir sympathisch machte. Er sah mich an und sagte nur: »Sie haben einen hübschen Namen, Monsieur!« Jetzt ist der hübsche Name in der Klagenfurter Stadtpfarrkirche eingemeißelt in eine Marmorplatte, unter einem Marienbildnis, das Julien Green verehrte, nicht auf französisch ist sein Name eingestanzt in den Marmor, sondern auf amerikanisch Julian Green, so wollte er es, der aus den Südstaaten Stammende.

Freitags werden vor der Stadtpfarrkirche in Klagenfurt, in der Julien Green bei einem Nebenaltar unter dem Antlitz der Jungfraumaria begraben ist, die Lebensmittelstände aufgeschlagen. Auch diesen Freitag besuchte ich den in der Kirchengruft mehr und mehr vom Fleisch fallenden Monsieur Green. Ich trug ein kleines Stück Lammfleisch mit einem aus dem Plastiksäckchen herausschauenden Büschel Petersilie bei mir, aber ich blieb, nachdem ich für den Priester hinter das Heiligenbild der Jungefraumaria ein Glas Bienenhonig gestellt hatte, diesmals kurz angebunden: Ich komme ein anderesmal wieder, Julien, heute läßt du mich kalt! Nachdem ich Fleisch, Eier und Käse eingekühlt, die schöne, zitternde Petersilie in ein Glas mit Wasser versorgt hatte, schlug ich sein Tagebuch auf: 8. Dezember 1949: Zum Thema Douglas bei Harris den (wahrheitsgetreuen?) Bericht

über den entsetzlichen Tod Oscar Wildes wieder gelesen, dessen Körper buchstäblich explodierte, und später
die Exhumierung, als Wilde mit einem Bart im Sarg lag,
noch kenntlich, trotz oder wegen des ungelöschten
Kalks, der das Fleisch lediglich ausgetrocknet und nicht
zerfressen hatte, und der wunderbare Freundschafts-
dienst von Robert Ross, der die Totengräber mit ihren
Schaufeln beiseite schiebt, um selbst in die Gruft zu
steigen, die grauenhaften Überreste in seine Hände zu
nehmen und sie andächtig in einen Sarg zu legen ...

FRIEDRICH HEBBELS
KIRSCHGARTEN

Es wäre prächtig, wenn der Kirschbaum die Kirschen
selbst essen könnte.

CAFÉ SPETTACOLO

Die Straße in Biel entlanggehend, sah ich, nachdem es im Kasten mehrere Male aufblitzte und der Schein in einer Wasserlache auf dem Asphalt aufzuckte und sich wiederspiegelte, einen schönen, jungen Neger aus einem Fotoautomaten treten. Ich blieb stehen, täuschte vor, auf den betriebsbereiten Automaten zu warten. Den herausgleitenden Bildstreifen zwischen seinem schwarzen Daumen und Zeigefinger festhaltend, hauchte er zärtlich auf die noch feuchten Abbildungen seines Kopfes. Hätte er den Bildstreifen nur hin- und hergefächelt, damit er vom Luftzug schneller trockne, hätte er sein Gesicht auf dem Bildstreifen nicht angehaucht mit seinem Atem, wäre ich nicht schnell über die Straße gegangen in ein Kaffeehaus und hätte Notizbuch und Füllfeder nicht herausgezogen. Neben der rauchenden Espressoschale lag ein Zuckersäckchen, auf dem das römische Colosseum abgebildet war und auf dem auch der Name des Kaffeehauses stand. Ich riß das Säckchen auf und ließ im Café Spettacolo die Knochen der Gemarterten in den dunkelbraunen Kaffee hineinrieseln, drehte mich von der Theke weg und schaute durch die Glasscheibe des Lokals zum Fotoautomaten hinaus. Es regnete, blitzte und donnerte. Frauenbeine auf schwarzen Stöckelschuhen formierten sich. Der Lichtblitz zuckte in der Kabine, einmal, zweimal, dreimal. Ein mit schwarzen Blumen tätowierter Arm schob den Vorhang beiseite. Ich drehte mich zur Theke, nahm den Löffel und rührte dunkelbraunen Kaffee, Knochenbrösel und Feinkristallzucker um, im Café Spettacolo.

SIE HABEN DIE MUTTERKNOCHEN
AUS DEM GRAB GEWORFEN

Es war ein heißer Sommertag gewesen, als ich von Biel nach Kärnten gefahren war. Ich hielt mich ein paar Tage in meinem Heimatdorf auf, ging beim vorderen Friedhofstor hinein, beim hinteren wieder hinaus, schaute mich um, blickte auf einen aufgeschütteten Erdhaufen, auf dem auch Knochen und Knochensplitter lagen. Wenige Tage vor meinem Auftauchen im Dorf wurde ein Bauer, kaum siebzigjährig, zu Grabe getragen und im Familiengrab seiner Eltern beigesetzt. Sein pfeifenrauchender, schnurrbärtiger, dicker Vater starb vor Jahrzehnten, seine faltige, ausgemergelte, die Wochenzeitschrift Stadt Gottes lesende, religiös fanatisierte Mutter vor weniger als zehn Jahren. Der Sarg des Sohnes, der im Krankenhaus sein Leben ausgehaucht hatte, wurde ins frisch ausgehobene Erdloch eingelassen, die noch vorhandenen Knochen seiner Mutter wurden aus dem Grab geworfen und lagen vor dem Hintereingang des Friedhofs auf einem Erdhaufen. Unruhig lief mein Sohn auf der Friedhofsmauer hin und her, während ich auf die zwanzig, dreißig Zentimeter langen, erdigen Knochenteile schaute. In der festlich geschmückten Kirche wurde die Goldene Hochzeit meiner Eltern gefeiert. Nach dem Gottesdienst, als sich alle Leute auf dem Friedhof versammelten und bei ihren Familiengräbern vorbeischauten, faule Blumenblüten abzupften, die Vasen richteten, ging ein Kind, aufgeputzt in einem Kindertrachtenanzug, mit einem Brotkörbchen auf dem Friedhof hin und her, blieb stehen vor den Kirchgängern und rief: Brot! Brot! Brot! Alle griffen sie ins Körb-

chen, alle, Erika, Almrausch und Enzian schmückte
ihre Trachtenkleider, und in der breiten, goldenen Haar-
spange einer jugendlichen Fettfrisur blitzte die Sonne
auf.

HIRSCHSKELETTE
UNTER DEM SPIEGELEIS

Ich sammle zuerst Beobachtungen, Bilder, kleine Geschichten, ich frage aus und höre hin, ich lasse mich
von nächtlichen Träumen aufschrecken und greife zum
Nachttischbleistift, ich lasse Sargdeckel öffnen und
Sargschrauben in meiner Hosentasche verschwinden,
bringe der charmanten, nach frischem Schweiß riechenden Totengräberin Hundsveilchen, die schwarzen, an
Großvaters Zeiten erinnernden Smart Export – Wo ist
mein schwarzes Knisterpäckchen? Wo sind die Sirius-
hölzer mit dem Blutstropfen an der Spitze? –, Vergißmeinnicht und Erika, setze mich in den Romulus nach
Venedig, gehe stundenlang heftig gestikulierend am
Strand des Lido entlang und stolpere über angeschwemmte Seepferdchen.

Zum winterlichen Eislaufen fahre ich zum Weißensee,
dem ich, während ich mit den Kufen der Schlittschuhe
übers durchsichtige Spiegeleis gleite, bis auf den Grund,
zu den Skeletten ertrunkener Hirsche sehen kann.
Hoch über den von Farnen umwachsenen und umwickelten Hirschgeweihen am Boden des Glatteises si-
muliere ich in Erinnerung an das russische Eiskunstläu-
ferpaar Ludmila Belusova und Oleg Protopopov die
Todesspirale. Das Olympiasiegerpaar hat keine Nerven! stand damals in der Zeitung. Was ist, wenn ein
Mensch keine Nerven hat, fragte ich die Mutter. Sie, die
bald daraufhin vom Hausarzt Nerventabletten ver-
schrieben bekam und schließlich jahrzehntelang Ner-

ventabletten schlucken mußte, zuckte mit den Schultern und sagte – wie immer – kein Wort. Heute noch, irgendwo in der Schweiz, geht das alte Ehepaar Ludmila Belusova und Oleg Protopopov jeden Morgen mit ihren Schlittschuhen aufs Eis.

Ich lese Romane, deren Qualität ich niemals erreichen werde, alle anderen scheue ich wie die Pest. Mütter, die Christbäume überwiegend violett und lila schmücken, lasse ich lange nicht aus den Augen. Der Rußfilm auf den Augenbrauen, an den Mundwinkeln und auf dem ledernen Hosenschlitz eines jungen Rauchfangkehrers, der gerade den warmen Schornstein verlassen hat! Der Rußfilm an den roten Storchenbeinen! Der Ruß auf den beschneiten Dächern rund um den Schornstein in einer mondhellen Winternacht, zwei, drei Tage nach der weihnachtlichen Bescherung! Die Asche zwischen den Zehen der Kinder der *Dom*, die am Harishchandra Ghat in Varanasi einen Verstorbenen einäschern und mit Bambusstangen in seinen Eingeweiden wühlen, die verbrennenden Knochen zerschlagen, den verkohlenden Schädel zertrümmern! Der Ruß an den rauchenden Spitzen der Bambusstangen und unter den Fingernägeln der Kinder der Dom! Wir fuhren in den frühen Abendstunden mit einem kohlebeheizten Zug, bei offenem Fenster im vorderen Waggon sitzend, von Jaipur nach Delhi. Abertausende Pfauen säumten die Bahngleise, flogen schreiend auf, setzten sich auf die Äste der Bäume, schlugen ein Rad, schüttelten ihre Federn. Geier vertieften sich in Rindskadaver, vertrieben sich gegenseitig, hackten aufeinander los mit ihren krummen Schnäbeln. Geschwärzt vom Ruß, stiegen wir in

Delhi aus dem Zug. Der Botschafter, der uns mit seinem
Auto abholen ließ, empfing einen weiblichen und einen
männlichen Rauchfangkehrer an der Türschwelle des
Botschaftsgebäudes.

Bis er im dunklen Fichtenwald verschwindet, schaue
ich in der Dämmerung einem über den Schneehügel
rutschenden, mit einem Trauerschleier beflaggten, un-
bemannten Schlitten nach, auf dem eine Wolldecke mit
einem Gurt aufgebunden und unter dem eine Taschen-
lampe befestigt ist. Zwei eingetrocknete Mumien, die
eine vollkommen nackt, die andere in ein Leintuch ge-
hüllt, lehnen an einer von der Sonne ausgetrockneten,
brüchigen Mauer in einer Stadt des Orients. Mit bloßen
Füßen hockt der erschöpfte, verschwommen abgebildete, ägyptische Mumienhändler neben den beiden Mumien im Staub. Er hält seine Hand an den Kopf, als habe
er Zahnweh, verschwommen auf dem Foto sein Mund,
seine Augen, seine den Kopf stützende rechte Hand.
Monate-, manchmal jahrelang liegt ein berußtes Negativ auf meinem Schreibtisch, ein Foto aus dem Priester-
korridor der Kapuzinerkatakomben in Palermo mit
den in ihren bunten Ornat gekleideten, eingetrockneten
Leichen der Bischöfe und Kardinäle oder die Höllen-
darstellung aus dem katholischen Katechismus meiner
Kindheit, auf der ein Mann auf dem Höllenboden liegt,
umwunden von einer dicken, langen Schlange, über den
sich der nackte Teufel beugt, der aus einem Becher
Galle in den Mund des schreienden, nach Vater Abra-
ham rufenden Sünders gießt. Oder das in einem Bast-
korb aufgebahrte Kind, dem die katholische Kirche die
Hände gebunden hat, das einen Kranz aus Wachsblu-

men auf seinem Haupt trägt und dem man vergessen hat
die Fingernägel zu schneiden. In dem Augenblick, während sich das Bild, das ich über Monate, oft Jahre nicht
beschreiben will, auch nicht beschreiben kann, in mir in
ein Positiv, in eine Metapher verwandelt und sich einzufärben beginnt, nagle ich ein Hasenfell an meine Schuhsohlen und beginne zu laufen wie ein verrückt gewordenes Pferd.

DIE FRAU IM ZUG

Im Zug von Biel nach Bern saß mir gegenüber eine junge Frau mit tiefen Augenschatten, die ein Kleid trug, das mich an den Ministrantenkittel erinnerte, mit dem wir, als der Bischof von Gurk, Joseph Köstner, meine Heimatdorfkirche Maria von Dornach besuchte, neu eingekleidet wurden. Der Kittel war rot, weit geschnitten und aus Flanell, viel leichter als das alte, schwere, von mehreren Ministrantengenerationen abgetragene Leinenkleid mit eingetrockneten roten und weißen Kerzenwachsflecken. Die Frau im Zug mit den Augenschatten, die in abgegriffenen Gesangsnoten blätterte und schluckweise Blutorangensaft trank, schaute mir während der halbstündigen Fahrt nicht ein einziges Mal ins Gesicht. Der Schaffner kam im letzten Moment und zwickte ein stecknadelkopfgroßes Loch in die Fahrkarte. Seltsamerweise hatte man mich nach Bern ins Restaurant mit dem Namen Kirchenfeld zum Speisen geladen! Ich bestellte eine Gemüsesuppe.

Auf dem sogenannten Kirchenfeld, nur getrennt von der Friedhofsmauer, neben dem Karner, der von einem großen Holunderstrauch überragt wurde, dessen kleine schwarze Früchte auf das Schindeldach fielen, auf dem sich die Spatzen tummelten, befand sich der zweite Gemüsegarten meiner Mutter. Wie tote Mäuse lagen verwelkte Salatpflanzen auf der Friedhofsmauer. Die Mutter hatte vergessen, sie einzupflanzen!

DU UNTREUE SELBSTMÖRDERSEELE! DU!

Einmal, mit dem Zug von Venedig nach Klagenfurt zurückgekommen, erfuhr ich, daß ein französischer Soziologe mit einem Stoß Bücher, die er umarmend an seine Brust hielt, in den Tod gesprungen war. Ich stellte mir vor, daß ich die Romane Genets, den Fluß ohne Ufer von Hans Henny Jahnn an meinen Körper drücken und an einem frostigen Wintertag von der Villacher Eisenbahnbrücke auf die dünne Eisschicht des halb zugefrorenen Flusses springen würde. Ich zweifle nicht daran, ich hing, ich klebte an Sätzen von Canetti und Camus, von Genet und Hans Henny Jahnn, an den Sätzen von Cioran, Kafka und Friedrich Hebbel hing und klebte ich, sie haben mich am Leben erhalten in der Zeit meiner größten Todesängste, in der Zeit meiner Selbstmordgedanken haben sie mich aber auch an den Rand der Hölle getrieben, die Sätze von Camus und Cioran, und wie sie alle heißen. Mehr als fünf Jahre lang, zwischen meinem dreiundzwanzigsten und achtundzwanzigsten Lebensjahr, dachte ich fast jeden Tag an Selbstmord. Und wenn ich einmal einen Tag lang nicht an Selbstmord dachte, bekam ich ein schlechtes Gewissen, weil ich nicht daran gedacht hatte, mich zu entleiben, weil ich meiner Selbstmörderseele untreu geworden war, meine Selbstmörderseele betrogen hatte, ich fühlte eine Leere, die es auszufüllen und zu erfüllen galt. *So schön sollst du begraben werden, wenn du dich selbst tötest! sagte der Teufel und zeigte auf einen köstlichen Leichenzug.* Ich stellte mich mit besonders schönen Sätzen vor den Abgrund, in Schönheit sterben, mit einem schönen, einem unsterblichen Satz auf den Lippen, hoch über dem zugefrorenen Fluß das Eisengeländer verlassen, mit dem Keil des Kopfes, in dem die Sätze aufgebahrt sind, das Glatteis durchschlagen und tot sein für ewig und immer.

DIE LEICHE IM LOTOSBLÜTENTEICH
MIT EINEM SCHÖNEN SATZ
AUF DEN BLAUEN LIPPEN

Ich habe einmal einen ertrunkenen, aufgebahrten halbwüchsigen Jungen im Sarg liegen sehen. Er bekam im
Lotosblütenteich, zwischen aufgeblühten rosaroten
und weißen Lotosblüten, als er nach der Maurerarbeit
baden, sich erfrischen wollte, einen Herzanfall und
klammerte sich in seiner Todesangst an einem anderen
Jungen fest, dem heutigen *Schöndarm Pelé.* Der Ertrin-
kende wollte aus dem Wasser gezogen werden oder den
anderen mitnehmen auf den Grund des Flusses, der
aber konnte sich losstrampeln, die Wasseroberfläche
und das rettende Ufer erreichen mit einer Lotosblüte
zwischen den Zähnen. Er hat ein Loch im Herzen! sagten die Dorfleute. Sein Leichnam war geschmückt mit
blauem und weißem Flieder. Er ist aufgebläht wie ein
Kirchtagskrapf! sagten die Dorfleute, als sie ihn im Sarg
liegen sahen und Blumen aus dem Garten auf den Toten
legten, gelbe und rote Gladiolen, rote und weiße Rosen.
Das Aufbahrungszimmer roch nach Flieder und nach
verfaulendem Menschenfleisch, und als der schwarzgekleidete Priester mit den schwarzgekleideten Ministranten kam, roch das Aufbahrungszimmer nur mehr
nach Weihrauch.

GERÄUCHERTES AUF RUSSIGEN STANGEN, FESTGEBUNDEN MIT RUSSIGEN SCHNÜREN

Wenn schon ..., habe ich mir als Kind gesagt, ... wenn, dann ... in der Schwarzen Küche, und zwar in der Räucherkammer! Sie werden mich suchen, sie werden die knarrende, innen zentimeterdick schmierig verrußte Eisentür der Räucherkammer öffnen, und es wird ihnen der Teufel entgegenfallen! Jahre später wurde die Schwarze Küche, auch Rauchkuchl genannt, die zum Raum der Todessehnsucht wurde, zum Ort der Liebe. Der schöne Rauchfangkehrerlehrling hatte in dieser Schwarzen Küche den Schornstein verlassen. An seiner ledernen Kleidung, am Tuch, das er um seinen Kopf gebunden hatte, war ein schwarzer, noch warmer Rußfilm. Mit einem geschickten Handgriff zog er das Tuch vom Kopf und staubte es aus, an seine Oberschenkel schlagend. Seine Augenbrauen und seine Augenlider waren ebenfalls rußig, seine Augen leuchteten. Mit dem Tuch staubte er seine Oberschenkel, seinen Rücken und lange, mir dabei mit seinen blitzend weißen Zähnen ins Gesicht lachend, seine Hüften und seine Hinterbacken ab. Ich schloß die Tür und drehte den Schlüssel um. Ich kniete vor ihm nieder, drückte mein Gesicht an seinen Schoß und knöpfte die rußige, noch warme Lederhose auf. Mit seinen schwarzen Händen wühlte er in meinem Haar. Er streckte seinen Körper durch, hob seinen Kopf und öffnete seinen Mund. Speichelbenäßte Rußstreifen an den Innenseiten seiner Lippen, in seinen Mundwinkeln! Vom schneller werdenden Herzschlag fielen Rußpartikel von seiner Brust auf seine in meinem Haar wühlenden Hände.

DIE AUFERSTEHUNGSFAHNE
IM HERZEN DES
SCHOKOLADEOSTERLAMMS

Der Augenblick, als wir gleichzeitig die Augäpfel ans Loch der hölzernen Zwischenwand drückten, der eine von dieser, der andere von jener Seite, und einander, im Abstand von einem Zentimeter, erschrocken in die Pupillen schauten. – Es war Mittagszeit. Der Unterricht in der Villacher Handelsschule war aus. Ich war sechzehn. Ich steckte die Schulsachen in die Schweinsledertasche, die mir einst die Gute Haut Theresia Ragatschnig geschenkt hatte, zu Ostern mit einem Gugelhupf und einem Osterlamm, dem eine Auferstehungsfahne im Schokoladeherzen steckengeblieben war. Ich verließ das Schulgebäude, ging über die Eisenbahnbrücke zum Bahnhof, auf die Toilette. Der nasse Toilettenboden war mit Sägespänen bestreut. Ich setzte mich, die Hüften entblößend, auf den Klodeckel und schaute durchs Loch der hölzernen Zwischenwand, wo in der Nebenzelle ein gleichaltriger Schüler aus dem Gymnasium sein steifes Glied in der Hand hielt, langsam und aufreizend, wie eine sich häutende Schlange, die Vorhaut nach hinten schob, die pralle, glänzende Eichel entblößte, mit der anderen Hand Hoden und Oberschenkel streichelte, bis in mehreren Stößen dickflüssiger Samen über Eichel und Finger rann. Das Papiertaschentuch, mit dem der junge Toilettennachbar seine Hand säuberte und das Glied abtupfte, schob er unter der hölzernen Zwischenwand durch in meine Zelle. Sägespäne klebten dran.

DIENSTAGS VOR DER
GESCHICHTSSTUNDE

Jean Baldensperger Ich hatte eine Eselin, die immer noch lebt, mit der ich ein Jahr sehr engen Kontakt hatte.

Jacques Prévert Wie alt war sie?

Jean Baldensperger Zwei Jahre.

Jacques Prévert Und Sie?

Jean Baldensperger Ich war vierzehn.

André Breton Wollen Sie diesen Kontakt so genau wie möglich beschreiben?

Jean Baldensperger Es geschah durch ein Hemd hindurch. Gewöhnlich zäumte ich sie und brachte sie in den Wald, dann nahm ich den Teil des Zaumzeugs ab, der sich hinten befindet, mit dem sehr klaren Gefühl, jemanden auszuziehen, dann gab ich mich meinen kleinen Leidenschaften hin. Hinterher zäumte ich sie wieder und ging heim.

Jacques Prévert Wie fand die Eselin das?

Jean Baldensperger Hier wird es interessant. Die ersten Male war sie immer bereit, aber später ließ sie das nur noch mit sich machen, wenn sie brünstig war.

Jean Caupenne Welche Position nahmst du ein? Stiegst du auf einen Stein?

Jean Baldensperger Nein, weil sie ziemlich klein war und ich ziemlich groß. Erst hinterher habe ich entdeckt, daß man sich auch selbst befriedigen kann.

André Breton Was für eine Art von Gefühl empfanden Sie nach dem Akt?

Jean Baldensperger Die ersten Male Abscheu, mit der

Angst, daß man bei mir zu Hause etwas merken könne.

André Breton Was war der entscheidende Grund für die Wahl dieses Tieres und nicht eines anderen?

Jean Baldensperger Ich sah es am häufigsten von allen. Es war immer dienstags vor der Geschichtsstunde, weil ich zu dieser Zeit frei hatte.

BUSTER KEATONS
TINTENTOD

Das Geburtsdatum in meinem Schülerausweis fälschte ich mit Tintentod, damit ich in den Villacher Kinos die Jugendverbotfilme, die Gruselfilme mit Christopher Lee und Boris Karloff, die Western mit Franco Nero, Clint Eastwood und Klaus Kinski ansehen konnte, Leichen pflastern seinen Weg, Spiel mir das Lied vom Tod, Für ein paar Dollar mehr, Für eine Handvoll Dollar, The Wild Bunch. Ich schwänzte die Handelsschule, denn die ersten Filme im Apollokino begannen bereits um zehn Uhr morgens. Tag für Tag saß ich mit einer Schinkensemmel im dunklen Kinosaal und starrte auf die Leinwand. Mit blinzelnden Augen trat ich um die Mittagszeit aus dem dunklen Kinosaal in die Mittagssonne hinaus und stellte mich ans Ufer der Drau. Ich war fünfzehn Jahre alt, als ich an einem frühen Nachmittag im Bahnhofskino – die Kinosessel schlotterten, als ein langer, schwerer Güterzug vorbeifuhr – einen Film mit Buster Keaton anschaute und zu ungewohnter Zeit, um halb fünf Uhr abends, als es bereits dunkelte, mit dem Omnibus im Dorf ankam. Während ich die aufgewärmte Suppe löffelte, tauchte der Patriarch in seiner geflickten, kotbeschmierten Arbeitsmontur auf und hielt mir mit seinen langen Krallen, unter denen Kälbermist verborgen war – den speckigen Hut auf dem Kopf, die Wangen vor Wut eingefallen, die Prothese schlotternd –, einen nach Kuhhaut riechenden Kalbstrick unter die Nase: Da! Schau ihn dir an! Wenn du noch einmal so spät heimkommst! Schau ihn dir genau an!

CINEMA PARADISO

In Biel lief ich am hellichten Tag ins Kino, sah *La vita è bella* an, in der italienischen Originalfassung. Ich konnte mich wieder nicht zurückhalten zu flennen, so lange und so laut Rotz und Wasser zu weinen, bis sich die hinter mir sitzende, während der Vorführung immer wieder in einem italienischen Dialekt schnatternde Frau über mich aufregte und mich kichernd einen Bambino! nannte. Als der Film zu Ende war, schleuderte ich ihr im Hinausgehen einen Satz im römischen Dialekt entgegen, den ich öfter auf dem Markt auf der Piazza Vittorio Emanuele in Rom hörte, wenn sich bei den Pfirsich- und Aprikosenständen wieder jemand vorgedrängt hatte: Li mortacci tua! – Deine verfluchten Toten!

Ich weine nur im Kino, bei fast jedem Film, den ich im Kino anschaue, weine ich. Der Eintrittspreis ins Tal der Tränen ist eine einfache Kinokarte, im In- oder im Ausland, in Paris, Berlin, Wien oder im indischen Varanasi, selbst bei Kinderfilmen breche ich vor der Kinoleinwand zusammen. Zum Kino gehe ich übrigens nicht, zum Kino laufe ich, immer. Wehmütig, nervös, grantig, mit Herzklopfen schlage ich in der Tageszeitung die Kinoseite auf. Ich ertrage es nicht, wenn im Kinosaal ein anderer, mir unbekannter Kinobesucher neben mir sitzt, ich rücke immer weg und meide volle Kinosäle. Ich betrete den Saal erst, wenn die Werbung aus, wenn es dunkel ist, wenn ich mich vortasten muß, mich keiner sieht und ich niemanden erkenne, und würde mich manchmal gerne hinter der Kinoleinwand ermorden und verscharren lassen.

VIOLETTE WACHOLDERBEEREN
IM SAUERKRAUT

In meinem bäuerlichen Elternhaus wurden wir nicht mit Volksmusik belästigt, auch sonntags nicht. Der Vater war nicht daran interessiert, Volksmusik aus dem Radio zu hören, die melancholische, schweigsame Mutter auch nicht, nicht einmal zum Dorfkirchtag ging der Vater ins Gasthaus und hörte sich das Gezerre der fidelen Almrauschbuben auf der Ziehharmonika an. Um die Mittagszeit hörte man täglich die Radiosendung *Autofahrer unterwegs* mit Rosemarie Isopp, sonst gar nichts. Erst Jahre später nahmen wir Geschwister am Samstagabend, nach dem Baden in der Holzbadewanne, das Radio aus der Küche, trugen es ins Schlafzimmer und hörten uns die Hitparade an, die Beatles, die Rolling Stons, Bob Dylan und Leonard Cohen. Die Großmutter väterlicherseits hörte die sonntägliche Wunschsendung, besonders an ihren Geburtstagen, da sie die Hoffnung hatte, daß ihr jemand über das Radio einen Geburtstagsgruß übermitteln würde. Alle schauten mit halboffenem Mund und angehaltenen Atem aufs kleine Kofferradio, das ihr Sohn ihr spendiert hatte, der mit seiner Frau die Konditorei Rabitsch in Klagenfurt am Neuen Platz besaß, bis der Name Theresia Winkler, geborene Jesenitschnig in Kamering bei Paternion, vom Ansager verlesen wurde. Wir wünschen unserer betagten Jubilarin alles erdenklich Gute, Zufriedenheit und vor allem Gesundheit bis ins hohe Alter hinein! Alle lachten erlöst, als sie dann das Lied hörten, das der Großmutter gewidmet war: Ich esse gerne Sauerkraut

und tanz am liebsten Polka, und meine Braut die Edel-
traud, die ist genau wie ich, sie ißt auch gerne Sauerkraut und tanzt am liebsten Polka ...

Alle wußten, der Onkel Hans, der Konditor in Klagenfurt, hatte ihr die Geburtstagsgrüße übers Radio aus-
richten lassen. Man war stolz auf ihn, das war ein Mann
von Welt, der am besten Platz in der Landeshauptstadt
sein Geschäft hatte, der immer dicke Zigarren rauchte,
seinen Nichten und Neffen Schaumrollen und selbstge-
machtes Eis brachte, der bei jedem Fest betrunken war,
mit einem Mercedes auf seinem elterlichen Bauernhof
vorfuhr und seinen alten Vater und seine alte Mutter besuchte, der aber im Elend endete. Nach dem Herztod
seiner dicken Frau, der Tante Mitze, mußte er die Konditorei aufgeben, verfiel endgültig dem Alkohol, bis man
ihn in einem blaugestreiften Schlafanzug, unrasiert, ver-
worren und betrunken, mit einer Flasche Wein in der
Hand in Klagenfurt auf dem Neuen Platz antreffen
konnte. Er konnte nicht einmal zum Begräbnis seiner
Frau gehen, so betrunken war er. Zum Schluß lag er
mehrere Tage lang tot in seiner Wohnung. Erst als man
im Flur Verwesungsgeruch wahrnahm, öffneten Polizei
und Feuerwehr die Tür. Sein Schreibtisch, ein Sekretär
aus den Dreißigerjahren, fiel mir zu. Der Aufsatz dieses
Sekretärs ist mit handbemalten Elefanten aus Indien
vollgestellt, auf der Schreibtischplatte liegen die Pelikanfüllfeder und bedrucktes indisches Briefpapier.

BLAUE BENSDORP, LILA SUCHARD

Ein Totenvogel lag starr unter den breiten Ästen einer Tanne. Erdbrocken polterten auf den Sargdeckel. Wolkenlos war der Himmel. – Heute, während ich diese Sätze schreibe, wird der einundneunzigjährige Sohn der geborenen Jesenitschnig, ein Bruder meines Vaters, in Innsbruck zu Grabe getragen, der uns Kindern öfter, wenn er zu Besuch aus Oberdrauburg kam, eine kleine Tafel Suchard Schokolade brachte. Er war stolz, im Zweiten Weltkrieg bei der SS gewesen zu sein, in Nürnberg, am Schreibtisch, wie er uns oft versicherte, nur am Schreibtisch: Ich war nur ein kleiner Schreiber, ich habe nichts getan!

Ich beginne noch einmal von vorne: Die Tschufitl fiel von einem Fichtenast federnd aufs weiche, feuchte Moos. Ich stieß die kleine Schaufel in die patzige Friedhofserde. Der steife Kragen meines neuen weißen Hemdes hatte meinen Hals wund gerieben. Langsam zogen am blauen Himmel ein paar Wolken auf. Am Schuhwerk klebten sternförmig auseinandergespritzte Wachstropfen. – Ihr Sohn hatte schon mit fünfundvierzig Altersflecken an seinen Händen, ich erinnere mich genau, ich gab ihm die Hand, als er ankam, und hatte die Hoffnung, daß er in seine Rocktasche greifen und eine Suchard herausziehen würde. Na! Wie sagt man denn? – Danke, Onkel Franz!

Ich hole noch einmal Atem: Seppl, sagte sie mit ihrem zahnlosen, eingefallenen Mund, ich hab die Tschufitl schreien hören, jemand im Dorf wird sterben, I hob die Tschufitl ghört! Bald danach war die geborene Jese-

nitschnig tot. Drei Tage lang wurde sie im Bauernhaus
aufgebahrt, in der Knechtstube, die ausgeräumt wurde
und in der es nach Zigaretten und Alkohol stank, nicht
in der ehrenwerten, neueingerichteten Bauernstube wie
ihr Mann, der zwei Jahre zuvor verblich. – Das Loch auf
dem Friedhof war zugeschaufelt, es lagen bereits die
Kränze auf ihrem Grab. Der Friedhof war menschenleer. Ich vergrub den Vogel an der Stelle in ihrem Grab-
hügel, wo ein Kranz mit der silbernen Aufschrift Deine
Enkelkinder auf der harten schwarzen Papierschleife
lag, auf der die Weihwassertropfen schon eingetrocknet
waren. In der Bauernstube standen mehrere, noch halb
gefüllte Weißweingläser herum, in der gelben Flüssigkeit der Bierstumpen schwammen ein paar Insekten.
Mit Friedhofserde unter den Fingernägeln prostete ich
meinem Cousin zu, dem späteren Schöndarm Pelé, der
sich ebenfalls bediente. Zusammengedrückte Zigarren-
stummel vom Konditormeister Rabitsch lagen in einem
schweren gläsernen Aschenbecher. Es dämmerte bereits. In der gegenüberliegenden Küche roch es nach Zigaretten und immer noch nach Szegedinergulasch. An-
gebrochene Semmeln lagen auf der Anrichte. Brösel,
viele Semmelbrösel über den halben Tisch verstreut. Die
Rinder im Stall brüllten vor Hunger. Ein Mercedes fuhr
weg, nach Klagenfurt, wenige Minuten später ein engli-
sches Auto, in dem ihr Sohn saß, der heute, einundneun-
zigjährig, in Innsbruck bestattet wird. – Die kleinen lila
Suchard Schokoladen und die kleinen, blauen, rippigen
Bensdorp Schokoladetafeln habe ich in den Verkaufs-
läden schon lange nicht mehr gesehen. Einmal haben
wir an die Firma Bensdorp hundert Schokoladeschlei-
fen geschickt. Vierzehn Tage später kam ein Päckchen
mit zwanzig kleinen blauen Schokoladetafeln an.

ADAMS *APFEL*

Von Varanasi nach Allahabad möchte ich zu Fuß gehen, Anfang Feber jeden Jahres, zur größten Kumb Mela in Indien, zu der bis zu zehn Millionen hinduistische Pilger ans Ufer des Ganges kommen, zu Fuß und auf Pferden, die Maharadschas auf Elefanten – allen voran Abertausende splitternackte, aschebeschmierte Saddhus. Wenn ich eines Tages als nackter, aschebeschmierter Saddhu am Ufer des Ganges enden sollte und mir Stummgewordenem, Besessenem und Verstummtem ein gieriger Journalist nachschleichen sollte, um zu sehen, was aus ihm geworden, ob er denn vielleicht auch schon wurmstichig geworden ist, dann darf ich mit meinen von der Asche eines Verstorbenen am Harishchandra Ghat in Varanasi beschmierten Händen seinen Kehlkopf streicheln und ihm auf Hindi ins Ohr flüstern, was doch *Adamsapfel* für ein schönes Wort ist.

Josef Winkler in der Nähe von Benares (Indien) in einem alten englischen Kolonialfriedhof, auf dem heute die Bauern
die Kuhfladen für ihre Öfen trocknen.
Foto: Christina Schwichtenberg

LEBEN *BEI*WOHNEN

In Indien, in Varanasi, möchte ich am liebsten leben, weil ich dort oftmals, wenn nur für ein paar Sekunden, das Gefühl hatte, noch, aber trotzdem nicht auf der Welt zu sein, und noch nach meinem Tod einem Leben beizuwohnen, das ich nie geführt habe im indischen Varanasi, wo ich nicht verzweifle, wenn ich durch die Slums gehe, denn auch ich bin stark genug, um ertragen zu können, was den anderen zustößt. Außerdem steht mir niemand im Wege, alle, die vor mir gestorben sind, habe ich überlebt.

DAS FLEISCH MUSS ABHÄNGEN

Begrabt mich nicht nackt, wie ich es einst wollte und wie mich Gott gerne geschaffen hätte, wickelt mich auch nicht ein in ein blutbeflecktes Leintuch, mit dem die frischgeschlachteten Lämmer vor den umherschleichenden, hungrigen Hofkatzen geschützt werden – Das Fleisch muß abhängen, meine Lieben! –, bevor sie in die Kühltruhe kommen, begrabt mich nicht nackt in kühler regenpatziger Erde. Ich werde mich auch nicht, wie ich es mir einst vorstellte, in den Schlund des Stromboli werfen, weil ich meinen Kadaver meiner katholischen Heimaterde nicht vergönne. Ich habe auch nicht mehr den Wunsch, daß man meinen offenen Mund mit einem hautfarbenen Hansaplast zuklebt oder mit einem Stoß Heiligenbilder ausstopft, damit nicht, sollte ich schon wie ein Hund begraben werden, die grausliche Heimaterde in meinen Mund fällt und ich an einem geschmacklosen schwarzen Friedhofheimaterdebrocken herumkauen muß, der von Regenwürmern durchfurcht ist, nein, ich suche für mich kein Grab mehr, ich will nicht mehr in fette Erde eingebettet, von Würmern zerfressen werden und auseinanderfließen.

Wenige Stunden nach der Ankunft im Hotel Ganges View in Varanasi – drei, vier Tage waren wir unterwegs gewesen –, sagte ich, da ich völlig geschockt auf die neue Welt schaute, zu meiner Begleiterin, die als Kind mit ihren Eltern vier Jahre in Indien verbracht hatte, daß ich am nächsten oder übernächsten Tag wieder zurückfliegen, nach Europa zurückkehren möchte. Sollte ich in den nächsten Tagen verunglücken, beklagte ich mich, laß mich einfrieren, bring mich mit irgendeiner Lufthansa zurück, ich halte es hier nicht mehr aus, als Lebender nicht und als Toter nicht, aber in den nächsten Tagen nahm ich meine Pelikanfüllfeder, mein Notizbuch und ging das Flußufer entlang, sah die Gangesdelphine auftauchen und wieder verschwinden in den Fluten der Ganga, Tag für Tag, Woche für Woche, bis zum Einäscherungsplatz am Gangesufer ging ich immer wieder, wo ich mich schließlich monatelang aufgehalten habe. Nein, nein meine Asche wird niemand in der heiligen Ganga verstreuen, die Kinder der *Dom*, die Unberührbaren, Herrscher über die Einäscherungsplätze werden die Aschereste mit ihren nackten Füßen in den Fluß hineinputzen, Platz machen für einen anderen Scheiterhaufen, auf dem ein Verstorbener eingeäschert wird, Hunde werden an den grauen, salzigen, verkohlten, heißen Überresten meiner Knochen lecken und sie, da sie noch zu heiß sind, vorsichtig in ihrem Maul hin- und herwälzen, damit sie ihren Gaumen, ihre Zunge und ihre Lefzen nicht verbrennen.

SCHMUCKE TOTENPÖLSTERCHEN,
HUNDSVEILCHENVIOLETT

Seit mein Sohn auf der Welt ist, gehe ich kaum noch auf Friedhöfe, verlangsame auch nicht mehr meine Schritte, wenn ich am offenen Tor einer Leichenhalle vorbeigehe, besuche keine Kindergräber mehr. Zum Glück ist Julien Green in der Stadtpfarrkirche in Klagenfurt in einer Gruft begraben unter einem Marienbildnis, das er geliebt hat, ich muß nicht nach Paris fahren und ihn auf dem Père Lachaise aufsuchen, ich muß auch nicht auf den Klagenfurter Annabichler Friedhof gehen, wenn ich ihn besuchen will, trage keine Friedhoferde an meinen Schuhsohlen nach Hause. Aber selbstverständlich habe ich meinen eigenen, nach Vanille riechenden Kopfpolster mit einem Trauerschleier überzogen, und am Kopfpolster meines neben mir liegenden Sohnes schimmert die färbige Mickymaus durch das feinlöchrige schwarze Nylonnetz.

Vater! fragte mich dieser Tage das Kind, Vater! Wenn du tot bist, muß ich dann ins Altersheim? – Bei seiner Einschulung, obwohl er nicht wie der Felfernig Hannes und die Felfernig Alberta seine Füße schreiend gegen den Boden im Schulflur stemmte und auch nicht zwillte wie ein Schwein, das zur Schlachtung aus dem Stall gezogen wird, blieb er weinend an der Türschwelle stehen und sagte: Ich möchte nicht in die Schule gehen, ich möchte Schriftsteller werden!

Das unvergeßliche Erlebnis in Wien: Im Krankenhaus-
gelände umherirrend sah ich in der Nähe der Aufbah-
rungshalle im Fenster eines Lagers mehrere überein-
andergestapelte, noch in Cellophan verpackte, kleine,
schmucke Kunststofftotenpolster für Kinder.

Außerdem: Wie die Zeit vergeht! In letzter Zeit habe
ich nicht einmal ein schlechtes Gewissen, weil ich nur
mehr ganz selten an Selbstmord denke, aber es werden
auch die guten alten Zeiten nicht wiederkommen können, die mich veranlaßten, ins Tagebuch zu schreiben
am Lido in Venedig, daß ich plötzlich deprimiert bin,
weil ich seit einiger Zeit keine Selbstmordgedanken
mehr habe.

Die eingedrückten, weißen Kunststofftotenpolster (für
Kinder) hinter dem zerbrochenen Fensterglas!

Dann und wann zündet mein Sohn an der Gruft von Julien Green mehrere Kerzen an mit seinem Feuerzeug,
auf dem eine Mickymaus aufgedruckt ist: Wenn die
Marmorplatte weggehoben wird, dann möchte ich da-
beisein! sagte er das letztemal zu mir, als wir gemeinsam, Hand in Hand, vor der Gruft standen.

Es war schon dunkel, und es regnete in Strömen, als wir,
das Kind und ich, gemeinsam den auf der Grabplatte
von Julian Green liegenden Kranz mit der Kärntner
Fahne des Bürgermeisters aufhoben, zur Kirchentür
hinaustrugen und auf die Straße warfen im niederpeit-
schenden Regen. Zuerst überfuhr ein Jeep den Toten-
kranz, dann ein VW, ein Ford, ein BMW, ein Opel ...

MIT ZWEI BRENNENDEN KIRCHTÜRMEN
UNTER DEN ARMEN

Wirklich verstanden gefühlt habe ich mich von einem
Mann, der auf dem Friedhof meines Heimatdorfes vor
dem Grab seines siebzehnjährigen Sohnes, der sich mit
seinem gleichaltrigen Freund gemeinsam im Pfarrhofstadel erhängt hatte, nervös hin- und hertrat und mit
hochrotem Kopf und bebender Stimme einem Fried-
hofsbesucher gegenüber klagte: Das ist kein Mensch ...
Der hat das Dorf kaputtgemacht ... Wir im Dorf sind
anständige Leut ... Die Leut im Dorf hassen ihn, und
niemand mehr will ihn im Dorf sehen, jeder weicht ihm
aus ... Mit dem Winkler wird es noch schlimm enden ...
Die Geschichte ist noch nicht ausgestanden ... Aber der
ist es nicht wert, daß man über ihn ein Wort verliert ...
Kein Sterbenswörtchen mehr, die Geschichte ist noch
nicht ausgestanden, die Geschichte *hat sich* noch nicht!
Wenn ich seinen immer noch bei mir liegenden Kalbstrickteil verlängere und in den Pfarrstadel gehe, den
Strick am Hals verknüpfe und im Morgengrauen mit
zwei brennenden Kirchtürmen unter meinen Armen –
der Blitz hat einmal in die Kirche Maria von Dornach
eingeschlagen und eine Heiligenfigur verkohlt – vom
Trambaum springe, werden die Dorfleute am Allersee-
lentag, noch ehe der Hahn kräht, ein Osterfeuer anzünden, die Auferstehung der Doppelselbstmörder und
den Dritten im Bunde feiern.

EIN EINZIGER LIPPENSTIFTSTRICH
AUF DER KNIESCHEIBE NUR

An einem Abend vor dem Schlafengehen beschmierte das Kind meine Lippen mit Labello und sagte: Lippen anstiften! Dann aber waren sie wieder da, die blonden, Zöpfe und Hot pants tragenden, kokett den roten Zapfen eines Lippenstiftes im Vorbeigehen aus- und eindrehenden, die Lippen beschmierenden, die Dorfstraße entlangpfauenden Bauernmädchen. Die Knaben saßen mit übereinandergeschlagenen, nackten Oberschenkeln und glitschigen Augen am spießigen, desolaten Straßengeländer, zählten die vorbeifahrenden deutschen und holländischen Urlauberautos, entzifferten die Automarken, schauten auf die langen Beine und auf die aufreizend wackelnden Hintern der Mädchen und hielten zwischen Zeige- und Mittelfinger die schweren, gelben Frucadeflaschen am Hals fest. Perlende Limonadetropfen rannen über ihren Bartflaum zum hervorstehenden Adamsapfel hinunter. Der eine zeigte stolz dem anderen den roten Lippenstiftstrich auf der Kniescheibe. Im Vorbeigehen hat sie es gemacht! flüsterte er.

DEN HASEN AM KINN STREICHELN

Als das Kind dieser Tage die Wohnzimmertür zum wiederholten Male zuschlug und ich Angst hatte, daß sie aus den Angeln springen und ihm auf den Kopf fallen werde, drohte ich, mit einem Buch auf dem Diwan sitzend, in meiner Hilflosigkeit und Verzweiflung: Wenn du die Tür noch einmal so zuschlägst, dann knall ich dir eine, du Dickkopf! Ich konnte mich danach beruhigt weiter in Michel Foucaults Gespräch *Von der Freundschaft* vertiefen. »Ein junger Mann reicht einem Knaben einen Hasen? – Geschenk der Liebe. Er streichelt ihn am Kinn?« Keine fünf Minuten später schlug das Kind die Tür wieder zu, lief zum Diwan und gab mir eine Ohrfeige, so daß mir *Von der Freundschaft* aus der Hand fiel.

HERR DER GENAGELTEN KNOCHEN

Als im Wiener Stephansdom der Weihbischof und ich uns von Angesicht zu Angesicht gegenüberstanden, fiel der Eminenz tragischerweise der Leib Christi aus der Hand und stürzte abgrundtief in den goldenen Kelch zurück auf die anderen kreuz und quer, neben- und übereinanderliegenden Leiber unseres Herrn. Von der runden Vollkornhostie war bei diesem tragischen Zwischenfall ein kleines Stück abgebrochen. Seine Eminenz legte mir einen anderen, unversehrten Herrn der genagelten Knochen auf die Zunge. Ich speichelte ihn sofort ein. Als Kind und Erzministrant lebte ich einmal zwei Tage lang von Zuckerwasser und Hostien, die ich in der Sakristei aus den unvergeßlichen, quadratischen braunen Schachteln gestohlen und mir einverleibt hatte. Auf dem Plumpsklo breitete ich unter meinen Füßen die Kärntner Bauernzeitung aus. Mit einem Holzstöckchen suchte ich nach den sterblichen Überresten vom Leib Christi. *In den Himmel muß ich kommen, fest hab ich mirs vorgenommen; mag es kosten, was es will, für den Himmel ist mir nichts zuviel.*

DIE VESTÄRKTEN ZEHENSPITZEN, FERSEN
UND DIE VERSTÄRKTEN HÜFTEN DER
SCHWARZEN NYLONSTRUMPFHOSE

Der kunstsinnige Religionslehrer in der Handelsschule, dem ich, wenn er mir eine Prüfungsfrage stellte, unter dem Gelächter meiner Schulfeinde die ersten Sätze aus dem Abschied von den Eltern von Peter Weiss aufsagen durfte – *Ich habe oft versucht, mich mit der Gestalt meines Vaters und mit der Gestalt meiner Mutter auseinanderzusetzen, peilend zwischen Aufruhr und Unterwerfung. Nie habe ich das Wesen dieser beiden Portalfiguren meines Lebens fassen oder deuten können. Bei ihrem fast gleichzeitigen Tod sah ich, wie tief entfremdet ich ihnen war. Die Trauer, die mich überkam, galt nicht ihnen, denn sie kannte ich kaum, die Trauer galt dem Versäumten, das meine Kindheit und Jugend mit gähnender Leere umgeben hatte –*, ist später, man munkelte, schwer betrunken, von einer Klosterstiege gefallen und hat sich dabei das Genick gebrochen. Dort, wo du bist, dort ist der Tod! sagte ein Bergbauernmädchen zu mir, dem ich meinerseits, während sie am Tag nach dem Begräbniss ihres Großvaters mit schwarzer Nylontrauerstrumpfhose auf meinem Bett saß, die Unglücksgeschichte vom kunstsinnigen Religionslehrer erzählte und das mir wiederum berichtete, sie sei hier in ihrem Heimatdorf im Alter von vierzehn Jahren vom Dorfpfarrer im nahe gelegenen Fichtenwald vergewaltigt worden und daß ihr vor ein paar Stunden begrabener Großvater unter wildem Geschrei gestorben sei, ihm plötzlich der Mund offenblieb. Die Flammen erstarrten, und alle rings um das Sterbebett Stehenden waren froh, daß *es* vorbei, der Tyrann tot war und unter die Erde gebracht werden würde in seinem Heimatdorf, in dem er auf die Welt kam, zur Jahrhundertwende. Auf seinem Hof hatte eine Magd Selbstmord begangen. Sie fütterte die Stalltiere, melkte die Kühe, kehrte den Stall aus und erhängte sich mit einem Strick an der Pferdestalltür.

KINDER!
SCHAUT, WIE MAN STIRBT!

Nein, es soll mir letzten Endes nicht gelingen, mich durchzuringen zu den Worten des sterbenden Italo Svevo, der seine um sein Totenbett stehenden Kinder mit den Worten beruhigte: Der Tod ist gar nichts! Kinder! Schaut, wie man stirbt! Ich werde wortlos und stumm, einen orangefarbenen Punkt auf der Stirn, mit meinem Schienbeinknochen in der Hand am Ufer des Ganges auf den verwesenden, aufgeblähten Leichnam eines Kindes warten, der, mit einem Stein beschwert, über all den anderen toten Kindern im Ganges bestattet und wieder an die Oberfläche getrieben worden ist, bevor die Geier kommen und die aufgedunsenen grauen Körper endgültig zerfleischen und skelettieren. Ich werde mit meinem Altersschienbeinknochen verzweifelt auf den angeschwemmten Leichnam des Kindes, das ich war, so lange einschlagen, bis es noch einmal seine Augen aufschlägt und wir einander auf die Pupillen starren, bis ich mit der Spitze meines Schienbeinknochens endgültig meinen Kindskadaver zerfleischen und den herumstreunenden Hunden am Einäscherungsplatz zum Fraß vorwerfen kann.

DIE FARBE ORANGE

Einem jungen, kaum siebzehnjährigen *Dom* mit einem orangefarbenen Punkt auf der Stirn, der in Varanasi am Harishchandra Ghat bei den Einäscherungen mithilft, vom ewig brennenden, heiligen Feuer ein paar glühende Holzkohlestücke an den Scheiterhaufen heranträgt, wollte ich zu verstehen geben, daß er doch nicht dort, wo die Toten eingeäschert und oft halbverkohlte Leichenteile in den Fluß geworfen werden, mit dem schmutzigen Gangeswasser seine Zähne putzen solle, aber der mit einem rotweißkarierten Lendenschurz bekleidete, am Gangesufer hockende Jüngling sah mich nur verständnislos an und schob mit seinem Handrücken die schwimmenden Holzkohlestücke, verfaulende orangefarbene Tagetesblüten und verkohlte Knochenreste beiseite, damit er das heilige Wasser in seine Handschale auffangen und trinken konnte. Er hob sein Haupt, blickte auf die Ganga hinaus, sprach ein Gebet, stand auf und lief über den Einäscherungsplatz zum ewig brennenden heiligen Feuer hinauf, von dem alle Scheiterhaufen angezündet werden.

Nein, nicht nur weil ich eine Uhr mit orangefarbenem Zifferblatt und orangefarbenem Leder an meinem linken Handgelenk trage und die Lieblingsfarbe meines Sohnes Orange ist – orangefarbener Traubenzucker, orange Frösche –, es ist auch der unvergeßliche orange Farbpunkt zwischen seinen Augenbrauen, den der Unberührbare, der schöne, junge Dom an meinem Kopfpolster abgestreift und mir hinterlassen hatte unweit

vom Ufer des Ganges, wo Frauen und Männer frischgewaschene Wäsche auf Steine klatschen, die Toten eingeäschert werden, herumstreunende Hunde heiße, verkohlte Knochenstückchen in ihren Mäulern wälzen.

SINDBAD AUF DEM ZIRKUSPLAKAT

Orangenpapiere von den Moro Blutorangen – Blutorangen, das magischste aller Wörter für mich – aus Si-
zilien habe ich ausgebügelt, das Bügeleisen auf Seide
eingestellt, damit die knisternden, mit einem Negermädchen mit Ohrringen bedruckten, fettigen Orangenpapiere nicht braun werden oder gar verbrennen, und
sie stapelweise auf den Nachttisch gelegt, neben ein
Karl May Buch, in dem als Lesezeichen eine Fasanenfe-
der lag. Lange schaute ich den Arbeitern beim Plakatie-
ren der großen farbigen Zirkusplakate auf unserer Heu-
stadelwand zu und blickte lange auf die klebrigen,
schleimigen Tropfen des farblosen Kleisters auf den
Oberschenkeln und auf dem Schuhwerk der Männer.
Patzenweise lag der Kleister unter dem aufgeklebten,
nassen Plakat im Gras. Wenn die Vorstellungen im Zir-
kuszelt beendet waren, riß ich die übergroßen, farbigen
Zirkusplakate von den desolaten Heustadelwänden, die
über den Kirchtagsplakaten mit den roten Lebkuchen-
herzen klebten. Ich legte die Plakate in meinem Zimmer
auf den Boden, schaute sie lange an und setzte mich, wie
Sindbad auf dem Teppich, auf die durch Feuerringe
springenden Löwen. Bald lag neben den Blutorangen-
papieren auch ein Stapel ansichtskartengroßer Bilder
aus den damals in der österreichischen Provinz anlau-
fenden Karl May Filmen, die ich bei einem Bäcker gekauft hatte, der mit dem Heiligenbildchen malenden
Dorfpfarrer eng befreundet war. Der Pfarrer hatte ihm
schließlich kurz vor seinem Tod die Heiligengemälde
vererbt. Meine Heiligenbilder gibst du dem Karli, wenn

ich einmal nicht mehr bin! sagte er zur Pfarrerköchin, die ihn um zehn Jahre überlebte und sich nach dem Tod des Geistlichen in den großen, kalten Pfarrhof zurückgezogen hatte und kaum noch jemandem die Tür öffnete, bis sie wegen einer schweren Krankheit mit einem Rotkreuzwagen ins Krankenhaus transportiert werden mußte, wo sie vereinsamt starb.

JULIUS MEINL
ODER
LEICHENSCHLEIFEN IN BENARES

Neben einem Mann, der einer Schar gackernd zurück-
weichender Hühner mehrere Fäuste voll blutige Hüh-
nerherzen vor die Beine warf, hob ein halbwüchsiger
Junge vom Gepäckträger seines Fahrrades einen schweren, in Jute eingeschlagenen Eisblock, zerhackte ihn
und legte die Eisbrocken in einen mit roten Rosenblättern gefüllten Korb. Die Eisstücke sanken auf den
Boden und wurden von den Rosenblütenblättern zuge-
deckt. Ein nackter schwarzer Kinderfuß wühlte in einem Haufen weißer Eierschalen, auf dem sich mas-
senhaft Fliegen tummelten. Ein Trommler zündete ein
paar zerknüllte Zeitungsblätter an und hielt seine mit
hauchdünnem Ziegenleder bespannte Trommel nahe
über die Flammen, drehte die Trommel über dem Feuer
drei-, viermal im Kreis und fügte sich, weitertrom-
melnd, vor einem ein Bündel nach Sandelholz duftender
Räucherstäbchen haltenden, schwer betrunkenen, immer wieder Ram Nam Satya hai! rufenden Mann in den
Leichenzug. Ein glatzköpfiger alter Mann, der seinen
nackten Unterleib in eine zerschlissene Decke eingehüllt
hatte, aus der Baumwollflusen herausschauten, hockte
auf ein paar übereinandergeschichteten, halbverkohlten
Holzprügeln und schnitt mit einer Rasierklinge vorsichtig die Haare um seine Brustwarzen ab. Unter den
nackten, schwarzen, faltigen Fußstumpen eines in einem Rollstuhl sitzenden und aufs elektrische Krematorium zufahrenden Leprakranken, der mit seinen bei-

den fingerlosen Händen einen Tonbecher Tee an seine Lippen drückte, lagen ein paar Holzkohleprügel. An einem Strick, der an seinen zusammengebundenen Beinen befestigt war, wurde ein durch einen Kopfschuß hingerichteter Kindsmörder von einem uniformierten, schnauzbärtigen Mann über die Harishchandra Road hinunter am Holzverschlag vorbeigeschleift, in dem ein pockennarbiger, einäugiger, Leichentücher und Sandelholzpulver verkaufender, einen schwarzen Haarknödel auf seinem Hinterkopf tragender Transvestit hockte. An der Wand seines Holzverschlages klebte ein Plakat, auf dem für Vollkornkekse und Vollkornbrot geworben wurde. Kopf und Hüften des Mörders waren mit einem Tuch umschlungen, die übrigen Körperteile waren nackt. Sein Oberkörper war aufgeschnitten und nur notdürftig, mit wenigen Stichen, zusammengenäht worden. Zwischen den Lücken der Chirurgennähte schimmerten die grauen Eingeweide heraus. Während er am Strick, der an seinen Fußknöcheln befestigt worden war, am ewig brennenden Feuer vorbei und am elektrischen Krematorium entlang über die Steinstiege des Harishchandra Ghat hinuntergezogen wurde, schlug sein Hinterkopf immer wieder hart auf die steinernen Stiegenkanten. Blut sickerte aus der Schußwunde am Kopf, aus Mund und Nasenlöchern. Ein Junge, der einen mit getrockneten Kuhfladen gefüllten Jutesack auf den Gepäckträger seines Fahrrades gebunden hatte, blieb vor dem Mörder stehen, faltete seine Hände, sprach laut auf Hindi ein Gebet und klingelte mehrere Male mit der Fahrradglocke. Auf der schwarzen Gummikotlasche seines Fahrrads klebte ein Farbbild mit einem Frauenkopf, auf der Lenkgabel stand in goldfarbenen Lettern

Ambassador. Ein Knabe, der sich, einen Hindi Schla-
ger singend, einen violetten Papierdrachen auf seinen
Rücken gebunden hatte, versteckte seine beiden Arme
im löchrigen Pullover, winkte lachend mit den leeren,
kohlebeschmutzten Pulloverärmeln dem mit dem blut-
verlierenden Schädel auf die Steinstufen aufschlagenden
Kindsmörder zu, der von dem uniformierten Mann laut
fluchend am Strick über die Stiege hinunter zum Einäscherungsplatz gezogen wurde. Der Hinterkopf und
die Handrücken des toten Delinquenten schleiften im
Staub, an den Kniescheiben hatte er blutige Schnitt-
wunden, seine buschigschwarzen Achselhaare waren
eingestaubt. Zwischen den langen Rauchfängen des
Krematoriums schwebten rote und blaue Papierdrachen, an den Betonsäulen der elektrischen Einäsche-
rungsanlage klebte Kuhdung mit den Handabdrücken
von Kindern. Über den Leichnam des Mörders sprin-
gend, lief ein halbwüchsiger, bis auf ein schwarzes
Haarbüschel an der Fontanelle kahlgeschorener Junge,
auf dessen Hose ein Stoffetikett mit einem Totenkopf
genäht war, mit einem zwischen zwei trockene Kuhfladen geklemmten, heißen, mit einem grauen Aschefilm
überzogenen kleinen Holzkohlestück, das er vom ewig
brennenden, heiligen Feuer genommen hatte, von dem
alle Scheiterhaufen angezündet werden, über den Sand-
hügel hinunter und legte es auf ein zusammengeknick-
tes Schilfbündel, das ein vor dem Scheiterhaufen war-
tender, kahlköpfiger Junge in seinen Händen hielt. Die
rauchend heiße, auf dem Schilfbündel liegende Kohle
begann sich rot zu färben, zu glühen und entzündete
das trockene Schilf, mit dem der kahlgeschorene, nur
mit einem nahtlosen weißen Baumwolltuch bekleidete

Knabe siebenmal, dabei mit dem Feuer jedesmal die Stirn einer in ein orangefarbenes, mit breiten Goldstreifen durchwirktes Kunststofftuch eingewickelten Toten berührend, um den Scheiterhaufen herumging, ehe er das lichterloh brennende Schilfbündel unter dem Rücken der verstorbenen Frau zwischen die kreuz und quer aufgestapelten Mangoholzscheite steckte. Der uniformierte, schnauzbärtige Mann zog den Leichnam an einem Knaben vorbei, der mit einem weißen, in seinen Armen strampelnden Zicklein vorsichtig über die Steinstiege hinunterging und seinen Mund am Fell des meckernden Tieres abputzte. Er zog den Leichnam auf die drei beim Einäscherungsplatz einander schreiend zur Seite drängenden, mit rußgeschwärztem Punjabidreß bekleideten Mädchen zu, die um einen Kuhfladen rauften, den mit hocherhobenem Schwanz ein Kalb aus seinem Schließmuskel drückte, und dem Kalb den warmen, rauchenden Mist vom Hintern rissen, bevor er zu Boden fallen konnte. Wiener Hare Krishna Leute, zehn junge Frauen und drei Männer, sangen vor dem langsam anbrennenden Scheiterhaufen Hare Krishna! Hare Krishna! Krishna! Krishna! Hare! Hare! Hare Rama! Hare Rama! Rama! Rama! Hare! Hare! Ein Mann spielte auf der Gitarre, eine blonde Frau, die in ihrer linken Hand eine Schuhschachtel, in der mehrere Geldstücke lagen, und in der rechten einen gelben Meinl Plastiksack mit dem Mohrenkopf hielt – *Meinl's Fledermaus in der Julius Meinl am Graben Hutschachtel* –, löste sich aus der Gruppe, ging auf die vor dem Scheiterhaufen hockenden, Bidis rauchenden Inder zu, blieb so lange mit wiegendem Kopf, treuherzigem Augenaufschlag und For Krishna! For Krishna! flüsternd stehen, bis die Männer in ihre Hosentaschen griffen und ein paar Rupies und Paisa in die Schuhschachtel legten, während die anderen Sektenmitglieder vor dem brennenden und knisternden Scheiterhaufen unter den Gitarrenklängen weiter Hare! Hare! sangen.

Sechs Reiher zogen über den Einäscherungsplatz auf die Flußmitte zu, wo ein Geier, auf einem schwimmenden, aufgeblähten, grauen Körper eines toten, mit dem Gesicht im Wasser liegenden Kindes stehend, mit seinem Hakenschnabel ein Stück Fleisch aus dem verwesenden Leichnam riß, wobei sich eine Sehne um seinen Kopf wickelte. Der Geier verdrehte seinen Hals und schüttelte seinen Kopf, ehe er sich von der Sehne befreien und seinen Schnabel wieder in den weichen Kindeskörper hineinhacken konnte. Aus dem Maul eines kauend am Flußufer hinter dem brennenden Scheiterhaufen stehenden Stiers, der einen Strick um den Hals trug, an dem ein Menschenknochen angebunden war, hingen ein paar Goldfäden vom ausgefransten Kunststoffleichentuch. Der brennende Scheiterhaufen knisterte so laut, daß man die Flüche des uniformierten Mannes, der den toten Mörder über die kreuz und quer herumliegenden Sprießel einer zerstörten Bambustragbahre, zwischen verschmutzten goldfarbenen Leichentuchteilen über die Scherben brauner Tontöpfe, über schwarze Haarbüschel und Lottoscheine im Staub den Einäscherungsplatz entlang zum Flußufer hinunterzog, die Schreie der Papageien, das Quaken der Frösche, das Jaulen nach Menschenfleisch und Knochen suchender Hunde und das Schnattern mehrerer am Ufer des Ganges zwischen schwarzen Holzkohlestücken und orangefarbenen Blumengirlanden durchschwimmender Enten kaum hören konnte. Aus dem alten, eingebeulten Trichter eines Lautsprechers auf einem hin und her schwankenden Boot hörte man immer wieder krachend und knisternd – im indischen Bundesstaat Uttar Pradesh waren Regionalwahlen – eine psalmodierende Frauenstimme Sonja! Sonja! singen, Sonja Gandhi! Sonja! Sonja! An der Spitze der Bambusstange, die am Bug des Bootes angebracht war, hing die indische Nationalflagge. Als drei Hunde am Flußufer ein schwarzes, halbverkohltes menschliches Knochenstück gefunden hatten, spitzte eine auf dem Rücken liegende Hündin ihre Ohren und sprang, Asche hochwirbelnd, auf und lief jaulend an der erschrocken zur Seite tretenden, mit der Schuhschachtel bettelnden und den Meinl Plastiksack hin- und herschwenkenden jungen Frau – *Meinl's Madame Butterfly in der Julius Meinl am Graben Hutschachtel* – vorbei zu den drei anderen knurrenden, am Flußufer langsam zurückweichenden, ihre Zähne fletschenden und ihren Happen verteidigenden Hunden hinunter. Ein junger Hare! Hare! singender, blaue Wollhandschuhe tragender Sektenboy hatte um seinen Hals einen orangefarbenen Schal und um seine Hüften ein gelbes Tuch geschlungen, sein Oberkörper war nackt, sein rechtes Handgelenk schmückte eine orangefarbene Blumengirlande. Eine angekohlte Zahnprothese zwischen zwei Bambussprießel einklemmend, blieb das bloßfüßige, einen roten kohlebeschmutzten Punjabidreß tragende Mädchen vor dem am Flußufer liegenden Mörder stehen, schaute auf seine mit einem blutbefleckten Tuch bedeckten Hüften, auf sein schwarzbuschiges Achselhaar, auf den Blutfleck am verbundenen Schädel und auf die Chirurgennähte auf seinem Bauch, ehe es mit seiner Prothese auf das erschrokken und verstört zurückweichende Hare Krishna Mädchen mit dem Meinl Plastiksack zulief – *Meinl's Rosenkavalier in der Julius Meinl am Graben Hutschachtel* –, auffordernd Rupies! Rupies! rief und dem Wiener Girl die angekohlte Zahnprothese zum Verkauf anbot. Die beiden anderen kleinen, an ihren Fußknöcheln Silberkettchen tragenden Mädchen in gelben und grünen kohlebeschmutzten Punjabikleidern, die im Wettlauf gemeinsam bei einem zwischen den wiederkäuenden Kühen liegenden, frischen Kuhfladen angekommen waren, teilten sich, nachdem sie auf die Exkremente einer Kuh uriniert hatten, den Kuhdung, bestäubten ihre jeweilige Hälfte mit Sand, wälzten die Fladen auf dem Boden und klatschten den feuchten Dung an die Mauer des Einäscherungsaltars, auf dem der Körper der toten, mit roten Rosenblättern übersäten Frau brannte.

Immer wieder mit seiner rechten Hand aus einem Plastiksack schöpfend, warf der kahlköpfige Junge weiches Butterschmalz auf den langsam sich hebenden Oberkörper seiner brennenden Mutter, die mit weit aufgerissenen Augen und geöffnetem Mund auf dem laut knisternden Scheiterhaufen lag. Das erwärmte Butterschmalz auf der Stirn der Toten begann langsam zu zerfließen und rann links und rechts über die Schläfen hinunter, ins aufgestapelte Holz hinein. Wind pfiff durch die gelbroten, in die Höhe stechenden Flammen. Weißer Saft schäumte aus den Holzprügeln. Deutlich sah man im offenen Mund die berußten Zähne und das aufgebrochene, schmorende Lippenfleisch. Im Mund der Toten sammelte sich gelbe Flüssigkeit, die aus den

Mundwinkeln über die Wangen, auf Hals und Brust hinunterrann. Die kochenden Augen färbten sich weiß, schrumpften zusammen und rutschten als kleine Kohlestückchen in die Höhlen hinein. Die unteren Augenlider, die von der aufplatzenden Wangenhaut getrennt wurden, schoben sich nach oben und schlossen mit den herunterhängenden oberen Augenlidern die tiefen, schwarzen Augenhöhlen. Das vergoldete Tuch, das ein lange vor dem Scheiterhaufen stehender, kahlgeschorener Junge auf das langsam schwarz werdende und verkohlende Gesicht seiner Mutter legte, begann sofort zu brennen und zu schmelzen, legte sich wie Blattgold auf das Totenantlitz und versiegelte den geöffneten Mund und die Augenhöhlen mit den verrutschten Augenlidern.

Ascheregen fiel auf die rosaroten, schwarz gesprenkelten Zitzen einer vor dem Scheiterhaufen in der warmen Asche liegenden, gähnend ihr Maul aufreißenden und an ihrem Geschlecht leckenden Hündin. Zwischen den Froschschreien und dem Gekrächze der Raben, dem Niederklatschen nasser Wäsche auf eine Steinplatte, dem Gerangel zweier brüllender, junger schwarzer Stiere, die am Flußufer mit ihren Hörnern aneinandergeraten waren, und dem Knistern des brennenden Scheiterhaufens hörte man das Krachen in Hitze und Flammen berstender Menschenknochen. Ein kleiner Junge mit einem orangefarbenen Punkt auf der Stirn, der vergeblich hinter einem hochsteigenden Drachen hergelaufen war, holte sein Glied aus seiner zerrissenen, kohlebeschmutzten Hose und urinierte in die hochlodernden Flammen. Die Brustkorbrippen der brennenden Toten waren bereits entfleischt, drei Rippen glühten rot. Ein

älterer, mit weit aufgerissenen Augen auf den brennenden Scheiterhaufen schauender, nur ein weißes Tuch um
seine nackten Hüften tragender Mann umklammerte
mit beiden Händen seine Geschlechtsteile. Der kahlköpfige Junge streute eine Faustvoll grobe Sandelholz-
körner auf den verkohlenden, inzwischen schwarz
gewordenen Kadaver seiner Mutter. Zigarettenrauch
vermischte sich mit dem Geruch des brennenden Man-
goholzes, des Sandelholzpulvers, des schmorenden
Fleisches und der laut krachenden Knochen. Ein Knabe
lief mit dem brennenden Seidenpapierdrachen, der auf
den Scheiterhaufen gefallen war, am Flußufer entlang,
bis das dünne, einen Moment lang rot aufleuchtende
Holzgerüst des Spielzeugs, wenige Schritte von dem am
Flußufer liegenden Mörder entfernt, auseinanderfiel
und zu Boden klapperte. Eine Hündin biß sich, den
Körper krümmend, in ihre angenagte, an den Bißwun-
den blutbefleckte, vereiterte und verkrustete Haut, erhob sich, ging schwankend ein paar Schritte weiter auf
den Scheiterhaufen zu und leckte Butterschmalzreste
vom herumliegenden Papier. Ein kohlebeschmutztes
Kleinkind begann laut zu weinen, als es heiße Holzkohlestücke wegtragen wollte, aber das Plastiksäckchen zu-
sammenschmolz. Das blonde Hare Krishna Girl trö-
stete das Kind mit einer Suchard Schokoladetafel. Das
Mädchen, das nicht recht wußte, wie es die Rippen ab-
brechen sollte, steckte mehrere große Schokoladebrok-
ken in den Mund und kaute daran wie an einem Stück
Brot. Ein kleiner Knabe hielt seinen in den Ganges gefallenen violetten Papierdrachen zum Trocknen über
den in der Glut liegenden Leichnam, der von roten,
orangen und gelben Flammen umzüngelt wurde. Hin-

ter den Flammen, der flirrend in die Höhe steigenden Hitze und dem aufsteigenden Rauch fuhr ein Ruderboot vorbei, in dem ein kleiner, einen Lendenschurz tragender Junge mit einem meckernden weißen Zicklein im Arm stand und auf den Feuerschein blickte. Unablässig schrie ein grüner Papagei in einem am Bug des Bootes stehenden Vogelkäfig. Das Boot wurde von einem halbwüchsigen, eine orangefarbene Blumengirlande um seinen Hals tragenden Jungen flußaufwärts gerudert und kreuzte die Bahn eines großen, mit einem Berg getrockneter Kuhfladen beladenen, flußabwärts gleitenden Kahns.

Die Wiener Hare Krishna Leute hatten sich in der Nähe des elektrischen Krematoriums unter der großen alten Waage und den meterhoch aufgestapelten Mangoholzprügeln hingesetzt, die Gitarre lag auf den Steinstufen, das junge, blonde Mädchen mit der orangefarbenen Blumengirlande im Haarknödel ging zu den abseits herumstehenden, auf den brennenden Scheiterhaufen starrenden, Taschentücher an ihre Nasen drückenden Touristen und bettelte wieder For Krishna! For Krishna!, während man am Flußufer aus dem eingebeulten, großen Lautsprechertrichter des hin und her schwankenden Ruderbootes krachend und knisternd die Frauenstimme Sonja! Sonja! singen hörte, Sonja Gandhi! Sonja! Sonja!, und die Bidis rauchenden, vor dem brennenden Scheiterhaufen hockenden Männer zu lachen und zu scherzen begannen, als sich die brennenden Beine der toten Frau in der Hitze langsam zu grätschen begannen. Ein Hare Krishna Boy manikürte seine Fingernägel, das danebensitzende Girl öffnete mehrere Briefe mit österreichischen Marken, begann grinsend

Neujahrbillets zu lesen und reichte sie ihrem Fingernägel säubernden Boy. Der Erdnußhändler verkaufte
dem Wiener Girl eine Tüte Erdnüsse, die er am Rande
des sakralen Feuers in der heißen Asche geröstet hatte,
und packte in einen farbigen Lotterieschein schwarzes
Salz ein, mit dem das Girl die Nüsse würzte. Um seine
dreizackige Shiva Lanze hatte ein bloßfüßiger Saddhu
eine orangefarbene Blumengirlande gebunden, ein zer-
franstes, kohlebeschmutztes, mit Goldfransen durchwirktes Leichentuch hing um seinen Hals. Die Goldfransen hingen über seine nackte, behaarte Brust bis
zum Bauchnabel hinunter. Er trug einen schwarzen,
links und rechts vom Mundwinkel hinunterhängenden
Schnauzbart, sein Gesicht war mit Asche beschmiert,
hinter seinem rechten Ohr steckte eine Bidi, an seinem
rechten Ohrläppchen hing ein großer versilberter Ring.
Auch um sein Handgelenk und um seinen linken Fuß-
knöchel trug er Silberschmuck. Als das kleine, einen
orangefarbenen Punjabidreß tragende Mädchen vergeblich einen Ring vom Finger des aschebeschmierten
Saddhus abzustreifen versuchte, verfingen sich die im
Wind wehenden goldenen Fransen des Leichentuches
an ihrem Handgelenk. Angeekelt riß das Mädchen die
Leichentuchfetzen vom Arm, bückte sich, griff in einen
Aschehaufen und beschmierte den Rücken des Saddhus
mit Asche. Der Saddhu wandte sich sofort um und
drängte das Mädchen zur Seite, das auf den niederbrennenden Scheiterhaufen zuging, Holzkohlestücke auf-
sammelte, mit einem Knochenstück auf das blonde,
einen Haarknödel tragende Hare Krishna Mädchen
zulief, Rupies! Rupies! rief und das graue Schädel-
knochenstückchen in den gelben Meinl Plastiksack mit

dem Mohrenkopf hineinsteckte – *Meinl's Gourmet Weltreise im eleganten Julius Meinl's Strohkoffer* –, woraufhin die Hare Krishna Leute empört aufsprangen und sich eilig vom Einäscherungsplatz entfernten. Ein schnauzbärtiger, einen schwarzen Turban tragender Mann wollte mit dem Bambusstab den Kopf der brennenden Toten am Halswirbel abknicken und den Schädel in die brennende Glut stülpen, aber der halbverkohlte Kopf löste sich von der Wirbelsäule und kollerte über die Glut des niederbrennenden Scheiterhaufens auf den Boden hinunter. Das Mädchen mit dem kohlebeschmutzten Punjabidreß deutete lachend und keck auf den schwarzverkohlten Kopf, den der Mann zwischen zwei Bambussprießel preßte und zurück auf den Scheiterhaufen legte.

Neben einer ihren nackten Knaben waschenden, einen gelben Sari tragenden Frau übergab ein bloßfüßiger, nur mit einem Lendenschurz bekleideter, halbwüchsiger Junge ein Bündel brennender Sandelholzräucherstäbchen einem Mann, der vor dem Leichnam des kleinen, von Kopf bis Fuß in ein dünnes, weißes Baumwolltuch eingewickelten Kindes hockte. Der Mann öffnete auf der Brust des Kindes den Knoten des Baumwolltuches und enblößte das Gesicht des ermordeten Mädchens. Am rechten Nasenflügel und am rechten Ohrläppchen trug das tote Mädchen, das weit aufgerissene Augen hatte, einen vergoldeten Ring. Der weinende und laut schluchzende Vater, der mit seinem Handrücken einen im seichten Flußufer liegenden toten Hahn zur Seite geschoben hatte, träufelte heiliges Gangeswasser in die Nasenlöcher, in die Ohren und in den Mund seiner kleinen Tochter. Ein in den Armen eines Mannes strampelnder, kleinwüchsiger Krüppel, der ebenfalls mit seiner Handschale Gangeswasser aufgefaßt hatte, grinste ins Objektiv einer Kamera und tröpfelte, nachdem der Fotoapparat geblitzt hatte, lachend das heilige Wasser auf das Gesicht des toten Mädchens. Ein Blinder, der an seinem Blindenstock – einem Bambusstab – eine Fahrradklingel angebracht hatte, irrte, klingelnd und immer wieder Ram Nam! rufend, mit einem neugeborenen, meckernden Zicklein, an dessen Bauch noch die getrocknete Nabelschnur hing, zwischen dem toten, auf dem Boden liegenden Mädchen und dem mit ausgestreckten Händen auf dem mit den Papierfetzen der Kindertotenscheine bedeckten heißen Sand liegenden Kindsmörder umher. Der Kopf des Zickleins war schwarzweiß gefleckt, die weißen Ohren mit Hunderten kleiner Punkte schwarzbesprenkelt. Auf den Totenscheinen standen verschiedene Unterschriften sowie die Geburts- und Sterbedaten der Kinder. Ununterbrochen hörte man aus dem Trichter des an einem am Flußufer hin und her schwankenden Boot befestigten Lautsprechers krachend und knisternd die weibliche Stimme Sonja! Sonja! singen, Sonja Gandhi! Sonja! Sonja! Ein Junge, der eine Krone aus Pfauenfedern auf seinem Kopf trug, schlug ein Rad, ein zweites und drittes, nahm eine herumliegende, an der Spitze angekohlte Bambusstange, ließ sie von einem anderen, einen brennenden Holzspan haltenden Knaben anzünden und tanzte singend mit der brennenden und rauchenden, die Krone aus Pfauenfedern auf seinem Haupt umnebelnden Bambusstange vor dem Mörder im Kreis. Zwei junge Männer banden den Kinderleichnam mit ei-

nem Hanfstrick auf einen schweren, flachen Stein, ver-
knoteten den Strick auf der Brust des toten Mädchens,
hoben den Leichnam aufs Boot, ließen sich an den
bauchtief im Fluß stehenden Wasserbüffeln vorbei in
den Ganges hinausrudern und kreuzten die Bahn eines
Bootes, in dem mehrere Jungen saßen, die Papierdrachen aufsammelten, die im Ganges gelandet waren. Raben saßen auf Rücken und Köpfen der Wasserbüffel
und fraßen Ungeziefer aus ihrer Haut. Ein Rabe krallte
sich am Ohr eines Wasserbüffels fest und pickte mit seinem langen, an der Spitze leicht gebogenen Schnabel in
die Ohrmuschel hinein. Während das Boot in der Flußmitte mehrere Male kreiste, beugten sich die beiden
Verwandten des toten Kindes über den Bootsrand und
beträufelten mit dem heiligen Gangeswasser ihre eigenen Häupter. Einer der beiden neben dem Kinderleichnam sitzenden Männer schwenkte über dem Kopf des
ermordeten Mädchens das Bündel stark qualmender,
bis ans Flußufer duftender Sandelholzräucherstäbchen.
Nachdem das Boot zurückgekehrt war, schrieb derje-
nige Bootsinsasse, der den Kinderleichnam auf all die
anderen am Grunde des Flusses liegenden Kinderleichen und Kinderskelette gekippt hatte, ein Wort auf
Hindi in den feuchten Sand, legte zwei Münzen aufs
Geschriebene, gab dem Ruderer fünfzig Rupies, zerriß
den Totenschein, auf dem Geburts- und Sterbedatum
des Mädchens standen, und streute die Papierschnitzel
in den Ganges hinein. Kinder, die mit einem Totenboot
in die Flußmitte hinausgerudert waren und verlorenge-
gangene Papierdrachen an der Wasseroberfläche aufsammelten, wurden gerufen und ruderten zurück ans
Flußufer. Der Leichnam des Mörders wurde vom uni-

formierten, schnauzbärtigen Mann ins seichte Flußwasser hineingezogen, ans Totenboot gebunden, in Schlepptau genommen und an den Bauernjungen vorbeigerudert, die hüfttief im Wasser standen und mit Bürsten die schütter behaarten Rücken der im Ganges stehenden, schäumenden Speichel absondernden schwarzen Wasserbüffel schrubbten. Die Blasen des klebrigen Speichels trieben, bis sie zerplatzten, unter den Schnauzen der Wasserbüffel auf der Wasseroberfläche des bleifarbenen Flusses. Ein halbwüchsiger Junge beschmierte mit gelbem, dickflüssigem Sesamöl das Gesicht, die gebogenen, langen Hörner und den Rücken eines bereits gewaschenen Wasserbüffels. Der hingerichtete Mörder wurde in die Flußmitte hinausgerudert und mit einem schweren Stein versenkt. Sein Leichnam fiel am Grunde des Flusses auf die übereinanderliegenden, zusammenbrechenden, zusammenkrachenden Kinderskelette und die aufgeblähten Kinderleichen und verkeilte sich zwischen den kreuz und quer, waagrecht und senkrecht voneinander wegstehenden Spießen der Kinderknochen. Ein halbwüchsiger Junge schwamm mit einem Tuch, in das orangefarbene Tagetesblüten eingewickelt waren, in die Flußmitte hinaus, öffnete den Stoff und übergab die Blumenblüten an der Stelle dem Ganges, wo tief unter seinen strampelnden Beinen, am Grunde des Flusses, die toten Kinder lagen. Zuerst versuchte ein Bauernjunge, einen Wasserbüffel, indem er ihm auf die Flanken drückte, aus dem Fluß zu treiben, bog aber, als das Tier störrisch stehenblieb, seinen Schwanz in die Höhe und schlug ihm das kotbehangene, schwarze Büschel auf Flanken und Oberschenkel. Nachdem die Angehörigen der toten Frau ein rituelles Bad im Ganges genommen hatten, reihten sie sich, ihre nassen und löchrigen Unterhosen über die gelb und rot in die Höhe lodernden Flammen des verkohlenden Leichnams haltend, vor dem niederbrennenden Scheiterhaufen auf. Über dem Fluß lag ein rosaroter Schimmer. Eine Glocke läutete. In einem Stück Stoff, auf dem eine rote Waage aufgedruckt war, trug eine mit einem pfirsichfarbenen Sari bekleidete Frau frischen Wasserbüffeldung über die Stiege hinauf. Ein halbwüchsiger, eine Kappe aus Kalbsfell tragender Junge, der bei einem Zank einen schweren Schlag aufs Auge bekommen hatte – die Augenlider waren vereitert, der tief in den Höhlen liegende Augapfel war zusammengeschrumpft –, wühlte mit seinen nackten Füßen, immer wieder mit den Zehen zurückzuckend, in der heißen Asche des niedergebrannten Scheiterhaufens und suchte, mit einem halbierten, grünen Bambussprießel in der Glut stochernd, nach Schmuck und Edelmetallen. Vereinzelt lagen rote Rosenblätter um den Holzkohle- und Aschehaufen. Immer noch hörte man aus dem großen, eingebeulten Trichter des Lautsprechers knisternd und krachend die psalmodierende Frauenstimme Sonja! Sonja! singen. Das Mädchen mit dem kohlebeschmutzten Punjabidreß gurgelte heiliges Gangeswasser und drückte gleichzeitig eine leere Zündholzschachtel auf ihr Geschlecht. Ein Zicklein trat zwischen die Hinterbeine der Ziege und versuchte am Euter zu saugen, die Ziegenmutter ging einen Schritt weiter und die Zitze rutschte dem Zicklein aus dem Maul. An der Wasseroberfläche, zwischen orangefarbenen Blumengirlanden und schwimmenden Holzkohlestücken, spiegelte sich der Schatten einer nach verkohlten menschlichen Leichenteilen suchenden Hündin.

DIE STERBEPASSAGE
WIEDER UND WIEDER LESEND

Es muß, es muß gestorben sein! Der Vater saß mit den geerbten Krankenkassenaugengläsern meines Großvaters auf dem eingebeulten Kupferdeckel des Wasserbehälters auf dem warmen Sparherd. Er, der mich, wie mir später berichtet wurde, als Kind nie auf den Schoß genommen hatte, lehnte sich ans lauwarme Ofenrohr und las, ohne einmal aufzusehen, in der Volkszeitung, während ich, Winnetou III lesend, in diesem Augenblick auf die Sterbepassage stieß. *Als der letzte Ton verklungen war, wollte er sprechen – es ging nicht mehr. Ich brachte mein Ohr ganz nahe an seinen Mund, und mit der letzten Anstrengung der schwindenden Kräfte flüsterte er: Scharlih, ich glaube an den Heiland. Winnetou ist ein Christ. Lebe wohl! Es ging ein konvulsivisches Zittern durch seinen Körper; ein Blutstrom quoll aus seinem Mund; der Häuptling der Apachen drückte nochmals meine Hände und streckte seine Glieder. Dann lösten sich seine Finger langsam von den meinigen – er war tot.* Während der mehrseitigen Passage legte ich, leise winselnd, meinen Kopf auf die Tischkante und blickte ab und zu mit tränenverschleierten Augen auf, um zu sehen, ob mich der auf dem Kupferwasserdeckel des Sparherds sitzende, zeitungslesende Vater nicht wahrnimmt. Ich weinte, wie ich um meinen verstorbenen Großvater und um meine Großmutter nicht geweint habe. Der Vater erhob sich vom Sparherd, faltete die Zeitung zusammen und legte seine geerbten Krankenkassenaugengläser aufs Radio, ging noch einmal in den

Stall hinaus, die Rinderreihen auf und ab. Ich wartete noch auf die Türgeräusche, er drehte den Haustor-schlüssel, öffnete die ranzende Tür zum Stiegenauf-gang, ging schweren Schrittes die sechzehn Stufen hin-auf und sperrte sich ins Schlafzimmer ein, in dem seine Frau bereits seit ein, zwei Stunden mit einem Kopftuch im Bett lag. Mit dem Buch in der Hand schlürfte ich über die Stiege hinauf und legte mich mit verschwolle-nen Augen, Winnetou III an den Bauch drückend, in embryonaler Haltung ins Bett. – Manchmal, wenn die Kinder an derselben Stelle auf dem Sparherd saßen, brach der eingebeulte Kupferdeckel vom Gewicht der Körper in den mit lauwarmen Wasser gefüllten, in den Herd eingebauten Wasserbehälter ein. Dann hob hinter dem Tisch der in der Volkszeitung lesende Vater seinen Kopf und schaute mit hochgezogenen Augenbrauen, die er mit einer Schere immer wieder zurechtstutzte, über den Rand der Krankenkassenaugengläser. La-chend, mit nassem Hintern, erhoben wir uns aus dem Wasserbehälter und watschelten, die Hände auf den Hinterbacken, in den dunklen Flur hinaus, über die Stiege hinauf ins Schlafzimmer. Es war schon spät, die Ratten kratzten bereits auf dem Dachboden, man hörte sie zwischen dem Dachboden und dem Plafond des Kinderzimmers im Kreis laufen, immer wieder, die halbe Nacht lang. Erst am Morgen waren sie still, man hörte das Gerassel der angeketteten Stalltiere und ihre Hungerschreie. Wieder war ein neugeborenes Ferkel verendet. Mit offenen Augen und offenem Maul lag es blau zwischen den anderen rosaroten, im Stroh herum-tummelnden, die Zitzen der Muttersau suchenden Tie-ren. Es muß, es muß gestorben sein!

HAUTABSCHÜRFUNGEN AUF DEM
KALBSTRICK, VON MENSCHENHAUT

Es war erst kürzlich, ich räumte meinen Kasten auf und legte das Kalbstrickteil, das ich unmittelbar nach dem Doppelselbstmord der beiden siebzehnjährigen Lehrlinge Jakob und Robert im Pfarrhofstadel meines Heimatdorfes gefunden hatte, auf den Schreibtisch – einen Sekretär, der einst meinem Onkel von der Konditorei Rabitsch gehörte –, als ihn das Kind entdeckte, entwendete und zwischen seinen Spielsachen veschwinden ließ, um den Strick ein paar Tage später triumphierend hervorzukramen und mich zu fragen: Was ist denn das? – Und was tut man mit einem Kalbstrick? – Kaum hatte ich ihm eine ausweichende Antwort gegeben, peitschte er mit dem Strick, mit dem sich die beiden Buben aufgehängt haben, sein Schaukelpferd.

ICH RIECHE, RIECHE MENSCHENFLEISCH

Der Hemdsärmel rutschte nach hinten, als ein Mann am Bahnhof Zoo in Berlin einen unfrankierten Brief an den Postschalter legte, und entblößte seinen Unterarm. Lange blickte ich auf die verheilten Narben an seinen Pulsadern. Der Brief war an eine religiöse Gemeinschaft gerichtet.

Als ich einmal im Klagenfurter Volkskino ebenfalls, mit der Geldbörse am Schalter stehend, einem jungen Mann auf die striemenartigen Narben seines Halses schaute, hob er seine linke Schulter, so daß sich der Kragen seines Hemdes zum Kinn empor, über die lange, um seinen Hals reichende Narbe schob. Im Kinosaal setzten wir uns in dieselbe Reihe, vermieden es aber weit über hundert Minuten lang, den Kopf einander zuzudrehen, uns ins Gesicht oder gar, wenn es bei einem Bild auf der Leinwand hell wurde, in die Augen zu schauen.

STEIG EIN

Es ist nur ein Spiel! Es ist nur ein Spiel! flüsterte ich mir zu, ich möchte nur wieder einmal wissen, wie es so ist, als ich eine Zeitlang verträumt auf die abgeschliffenen, silbern glänzenden Schienen blickte und, mich mit zusammengebissenen Zähnen schnell bückend, von der pfeifend heranschießenden Duisburger Ubahn wegdrehte und mit heftig, bis zur Halsschlagader klopfendem Herzen den sich schlagend öffnenden Türen den Rücken kehrte. In diesen Zug steigst du nicht ein, flüsterte ich mir zu, warte auf den nächsten und fahre nach Düsseldorf, du hast heute ein besonders schönes Hemd und besonders schöne Unterwäsche angezogen, warte auf den nächsten. Der wird heranschießen – und dich nach Düsseldorf bringen!

TOTENRUHE
UNTER DER ENGELSBRÜCKE

Es ist wohl schon mehr als zwei Jahrzehnte her – und das entschuldigt die Tat nicht, sie wird auch niemals verjähren –, da stahl ich, ausgerüstet mit einer in einem Supermarkt gestohlenen Kombizange, in den Kapuzinerkatakomben in Rom einen Totenkopf, der mit Drähten an anderen Totenköpfen befestigt war, und stellte ihn, in der Hoffnung, daß er mich inspirieren werde, auf meinen Schreibtisch, aber dieser pietätlose Diebstahl war sinnlos, ich schrieb, vor dem Schädel sitzend, keinen einzigen nennenswerten Satz. Ich verließ den Schreibtisch, stieg wieder in den Omnibus und fuhr zur Piazza della Repubblica und zur Piazza dei Cinquecento zu den arabischen Strichjungen und zu den mit ihren Stöckelschuhen im heißen, aufgeweichten Asphalt steckenbleibenden, fluchenden und kreischenden Transvestiten. Den Mönchstotenkopf wickelte ich schließlich in die rosarote Gazzetta dello Sport, steckte ihn in einen Plastiksack und stieg unter dem Schutz einer breiten Brücke den steilen Hang zum Tiber hinunter. Ein Jahr später blieb ich in Begleitung einer Frau auf der Tiberbrücke stehen und schaute traurig und traumverloren auf die Fluten hinunter. Die lange und geduldig hinter meinem Rücken wartende Diplomatin tippte irgendwann auf mein Schulterblatt und flüsterte: Darf ich dich retten?

GRUSS VOM KRAMPUS
UND LOCKVÖGELCHEN PARTEZETTEL

Als in meinem Heimatdorf nach dem Erscheinen eines Buches von mir zu hören war, daß mich manche Dorfleute am liebsten an die Wand stellen möchten, sagte ein Mann, auf die Frage hin, ob er sich denn auch an dieser Selbstjustiz beteiligt hätte: Ich hätte noch persönlich am Strick gezogen und ihn ins Jenseits befördert! Anfang Dezember schickte ich diesem Mann anonym eine Krampuskarte mit den Worten: *Laßt mich wenigstens mit den Beinen strampeln, das darf doch jeder, der aufgehängt wird!*

Als der Henker ein halbes Jahr später starb, retournierte ich noch am selben Tag den Partezettel, damit er noch vor dem Begräbnis im nach Szegedinergulasch und frischen, knusprigen Bäckersemmeln riechenden Trauerhause ankommen konnte. Messer und Gabel waren eingewickelt in die dünnen, rauhen Raiffeisenkasse-Servietten, auf denen zwei gekreuzte Steckenpferdchen abgebildet waren. Zurück an den Absender! schrieb ich aufs schwarz umrandete Briefkuvert und warf es in den gelben Postkasten, auf dem zu lesen war: Ich fühle mich einsam! Haben Sie nichts für mich?

DU DIE WATTE – UND ICH DER TOD

Einmal stand ich in Klagenfurt – es ist schon ein paar
Jahrzehnte her – am Villacher Ring, Ecke Dorotheum,
an der großen Kreuzung und wartete vor der Ampel.
Ein blauer Lastwagen mit der großen Aufschrift *Rau-
scher Watte* kam die Straße entlanggefahren. Auf das
großlettrig näher kommende Wort Watte starrend,
wollte ich, als der Lastwagen direkt vor mir auftauchte,
über den Zebrastreifen durch die kuschelweiche Watte
gehen, zog aber im allerletzten Moment meinen Fuß
zurück, drehte mich um und versteckte mein Gesicht
in den Händen.

ANONYM
IM GRÜNEN RASEN

Manchmal, wenn wir im Duisburger Stadtteil Buchholz vom Molkereiladen kommend mit frischer Milch die Friedhofsmauer entlangschlendern, auf der dunkelbraune und rostbraune Eichkätzchen hin- und herlaufen, steigt aus dem elektrischen Krematorium schwarzgrauer Rauch auf. Nur auf dem Waldfriedhof, im Schutz von Tausenden Bäumen und Sträuchern sind wir anzutreffen zwischen den Gräbern. Mit dem roten Tretroller jagt das Kind hinter den fliehenden Eichkätzchen her. Sehe ich von weitem die Abteilung mit den Kindergräbern, kehre ich um. Komm, rufe ich, andere Richtung! Auf einem großen, von Baggern aufgetürmten, drei Meter hohen Erdhügel stehend, hält der kleine Junge nach dem Fuchsbau Ausschau, vor dem uns ein Friedhofsarbeiter gewarnt hat. Eine Frau steht mit zum Gebet gefalteten Händen am Rande eines völlig ungeschmückten Rasenstücks und starrt auf eine bestimmte Stelle. Ich bitte Sie, sagte eine neben mir auf der Bank sitzende Witwe, lassen Sie doch das Kind nicht mit dem Tretroller über den grünen Rasen fahren, denn hier werden die Urnen Verstorbener vergraben, die anonym beigesetzt werden wollen. Wenn man keine Verwandten mehr hat, die Kinder weit weg sind, wer soll dann aufs Grab schauen? Wir Witwen treffen uns bei schönem Wetter fast jeden Tag, wir werden uns alle hier begraben lassen, *Anonym im Grünen Rasen*, nennt man das! Am Rande dieses großen englischen Rasens, in einem kleinen rechteckigen Feld, werden nebeneinander

haufenweise Schnittblumen eingefrischt, Kerzen angezündet. Der Rasen, unter dem um fünf Uhr morgens
die Urnen mit der Asche der Toten in die Erde gesteckt
werden, ist völlig schmucklos, nur da und dort hat sich
ein Büschel Veilchen verirrt, der Wind hat den Blumen-
samen verweht, da und dort wächst vereinzelt eine
Tulpe oder eine Narzisse aus dem grünen Teppich.
Nach der Beerdigung, im Nebel einer frühen Morgen-
stunde werden die Rasenpölsterchen wieder sorgsam
auf die Erde gedrückt.

DAS STOCKFINSTERE DORF

Es war tiefer Winter, zwei Meter hohe Schneewächten standen links und rechts vom Hauseingang, ich war fünf oder sechs Jahre alt. Es war noch nicht einmal sechs Uhr morgens, das Dorf war stockfinster, es roch nach verbrennendem Buchenholz, die Schornsteine rauchten bereits. Ich hockte in der noch kalten Küche im Schlafanzug am Fensterbrett, hauchte die Eisblumen am Fenster an und zeichnete mit meiner Zeigefingerspitze ein Kreuz auf die quietschende Scheibe, als der Pfarrer Franz Reinthaler vorsichtig über den glatten, beschneiten Pfarrhofhügel zur Kirche hinunterging. Ein paar Minuten später folgte ihm die Pfarrerköchin Marie. Mit Schlafanzug und nackten Füßen lief ich in den Schnee hinaus und wollte die über die Dorfstraße gehende, stolz grinsende Pfarrerköchin zur Rorate begleiten, einem Meßopfer, das vom Priester von Anfang Dezember bis zu Christi Geburt jeden Tag um sechs Uhr morgens zelebriert wurde. Die Schwester lief schreiend hinter mir her: Bua, du verkühlst dich ja! Du kannst eine Lungenentzündung kriegen! und holte mich ins Haus zurück. Wenige Tage später legte mir der Pfarrer in der Sakristei zwischen den schwarzen Möbeln das Zelebrationskleid um die Schultern und verankerte mit seinen dicklichen, nach Smart Export riechenden Fingern die beiden roten Flügel des schweren, mit eingetrockneten Wachstropfen übersäten roten Leinenministrantenmantels unter meinem Hals, gab mir eine langstielige weiße Lilie und krönte mich zu seinem Erzministranten, während ich meinen Kopf zum herunterhängenden

Glockenstrick hob, an dem mehrere Knoten angebracht waren, und ließ mich nachbeten: *Lieber Jesus, du
bist hier, betend kniee ich vor dir. Sieh mich an und
segne mich! Will von Herzen lieben dich. Hilf mir leben
gut und fromm, daß ich in den Himmel komm!*

TODESANGST UNTER DEM KINOSAAL

Es war um die Mittagszeit, Berlin, Bahnhof Zoo. Ich sah einen siebzehnjährigen, großgewachsenen, mit seiner Schultasche auf der Achsel auffällig in der Bahnhofshalle herumflanierenden Negerjungen. Im Vorbeigehen blickten wir einander in die Augen. Ich ging ein paar Schritte vor und verdrehte meinen Kopf. Ich sah noch, wie ein Mann, den er offenbar kannte, mir nachschauend dem Jungen etwas zuflüsterte, ich war irritiert, aber betäubt vor Erregung. Ich ging auf die Straße hinaus. Er folgte mir. Wir verständigten uns und gingen in ein Lokal, in dem sich auch ein kleines Kino befand, konsumierten, der eine an der Bar, der andere am Tisch, ein Getränk. Zuerst ging der Junge in die Kellertoilette, die sich unter dem Kinosaal befand, ein paar Minuten später folgte ich ihm. Als er in der engen Toilettenzelle seinen hautengen, gelben Slip wieder hinaufgezogen und seine großen, schwarzen Geschlechtsteile in seine Jeans eingezwängt, den Reißverschluß hochgezogen hatte, ballte er seine Hand zur Faust und sagte: So, und jetzt gib dein ganzes Geld her, du Schwein, sonst bring ich dich um! Ich war vollkommen schockiert, tastete meine Hosentaschen ab und zog knieweich und unterwürfig mit heftig klopfendem Herzen die Scheine hervor, die ich bei mir hatte. Zwischen Todesangst und Ironie schwankend, hätte ich noch am liebsten zu winseln begonnen: Aber, ich habe doch eine Familie ..., als er auch schon zur Tür hinausverschwand. Ich hörte noch das Rauschen des Wassers am Waschbecken, Geraschel von Papier, das Einschnappen der Tür. Noch in der Toilettenzelle hockte ich auf dem Boden nieder und verbarg mein Gesicht mit den Händen und wusch schließlich am Waschbecken lange mein Gesicht und meine Hände. Mehrere speisende Gäste hoben ihre Köpfe und beäugten mich, als ich, die Kellerstiege verlassend, im Lokal ankam und an der Kinotür vorbei hinausschlich. Ich ging, beschwingt und beglückt, noch am Leben zu sein, über eine Straßenkreuzung und sagte laut vor mich hin: Nein, nie wieder, nie, nie mehr! Aber ein paar Monate später verlangsamte ich irgendwo anders meine Schritte.

KANNIBALE AUS GUMMI

Ob ich als Allerheiligenhistoriker, Karfreitagspsychologe, Christihimmelfahrtsphilosoph und Mariaempfängnisneurotiker mit Hostiensplittern im Mundwinkel und der getrockneten Vorhaut des Jesukindes am rechten Mittelfinger mich auch noch für einen politischen Menschen halten soll? Mensch, und politisch, und Kannibale aus Gummi? Abgesehen davon, bin ich schon in Ordnung, ich räume jeden Tag in mir auf.

LASSIE IN DER JAUCHEGRUBE

Den ersten, in Amerika im Jahre 1943 gedrehten Lassie-Film mit dem Titel *Heimweh*, mit Liz Taylor als Kinderdarstellerin, hätte ich gerne gedreht. In Österreich ertrinken jedes Jahr Bauernkinder und Bauersfrauen in Jauchegruben, nie Bauern, immer Kinder und Frauen. Ertrinkt ein Bauernkind in einer Jauchegrube, bekommt man einen zehn Zentimeter langen Bericht in der Lokalzeitung zu lesen. Zwei Tage später redet außer den Betroffenen niemand mehr darüber. Erst wenn ich in meinem Film *Heim Weh* die Lassie in der Jauchegrube ertrinken lasse, wird das Land erschüttert sein.

FUN WASH
LEICHENBESCHAU AM FLUSSUFER

*Is a Örtle mei Sinn, und zwa Kirchlan steahn drin, ane
groaß, ane klan, bin in Feistritz daham. Auf da Wiesn
schmeckts Heu, und die Drau rinnt vorbei, blühan de
Nagl am Ran, bin in Feistritz daham. Und i sing wann i
will, und ka Mensch sogt: Sei still! Hears noch klingen
im Tram, bin in Feistritz daham.* Es war ein schöner
Maientag, der Goldregen blühte, als in Feistritz an der
Drau zu mitternächtlicher Stunde mehrere Jugendliche,
unter dem Vorwand, ihr Auto zu waschen, mit dem
siebzehnjährigen Christian, der sich an ihrer Zechtour
beteiligt hatte, zur Waschanlage *Fun wash* fuhren. Christian stieg aus dem Fahrzeug und ging ahnungslos auf
das Eisengestänge der Anlage zu. Ein Bursche öffnete
den Kofferraum, holte einen Strick heraus und versteckte ihn hinter seinem Rücken. Kaum hatte sich
Christian der Waschanlage genähert, faßten ihn zwei
Kumpane und hielten ihn fest. Ein Dritter zog dem
überraschten Buben die Schuhe aus und riß ihm die
Kleider vom Körper. Die Knöpfe seines Hemdes spritz-
ten auf den Asphalt. Wart nur ein bißchen, du Bürsch-
chen, mit dir kommen wir auch noch zurecht! höhnte
der nach Bier und Schnaps riechende Freund und
streifte dem sich windenden und schreienden Christian
die Unterwäsche vom Leib. Zu dritt zogen sie im
Schutz der Dunkelheit den nackten Knaben an einen
Eisenstützpfeiler der Waschanlage heran, ein vierter
fesselte seine Hände, schlang den Strick um seinen
Oberkörper und band ihn fest. Einer warf ein Zehn-

schillingstück in den Geldschlitz, wählte das Programm, drückte auf einen Knopf, auf dem *Waschen mit Shampoo* stand, nahm die Waschlanze – *Achtung! Lanze fest in die Hand nehmen wegen Rückstoßgefahr!* – und besprühte den hilflos gefesselten Jungen von Kopf bis Fuß mit dem schäumenden, warmen Wasser. Der Bursche näherte sich tänzelnd mit der Waschlanze seinem Opfer, rief Fun wash! Fun wash!, sprühte dem hüstelnden Knaben das Seifenwasser ins Gesicht, auf den Oberkörper und hielt lange, unter dem Gejohle der anderen – die Seelenmordbubiköpfe ahmten das Kriegsgeschrei von Indianern nach – den seifigen Wasserstrahl auf seine Geschlechtsteile. Der nächste, ebenfalls grollende und immer wieder Fun wash! Fan wash! singende Freund kam nun an die Reihe, besprühte den Hintern des Jungen, hielt die Düse mit dem scharfen, heißen Strahl ganz nahe an den Brustkorb des laut aufschreienden Opfers und brannte ihm Wunden in die Haut. Dem gefesselten, nackten Christian rann schäumendes Wasser aus den Haaren, übers Gesicht und über den Brustkorb. Mund und Augen brannten vom Shampoo. Ein Jugendlicher warf einen weiteren Zehner in den Geldschlitz des Automaten, drückte auf einen Knopf, über dem *Wachsen mit Heißwachs* stand, nahm die Waschlanze und besprühte, unter dem Gejohle der anderen, die Geschlechtsteile des weinenden und vor Schmerz schreienden Jungen mit Autowachs. Danach öffneten die Täter den Knoten des Stricks an den Handfesseln ihres Opfers und flüchteten zu ihrem Fahrzeug, radierten mit quietschenden Autoreifen davon und fuhren zur nächsten Schnapsbude. Der weinende, zitternde, sich erbrechende Christian entfesselte und befreite sich vom eisernen Marterpfahl, suchte in der Dunkelheit, immer wieder Seife aus seinen Augen wischend und seifigen Speichel ausspuckend, seine verstreut auf dem nassen Asphalt liegenden Kleider und zog sich an. Christian lief über die Felder und stürzte sich in die Drau. Es ist aber auch die Rede davon, daß die alkoholisierten Jugendlichen, bevor sie wieder die Schnaps- und Villacherbierbude aufsuchten, den erschöpften Christian über das Stoppelfeld getragen und in den Fluß geworfen haben. Es war dorfbekannt, daß Christian Nichtschwimmer war. Die Drautaler Menschenjagdgesellschaft – drei, vier oder mehr Jugendliche, unter den Tätern war auch der Sohn eines Polizisten, der ein Doggenliebhaber ist und abends mit dem Köter die Dorfstraße patrouilliert – saß im Augenblick des Ertrinkens von Christian beim nächsten Bier und beim nächsten Stamperl, auf dem ein Enzian aufgedruckt war. Sie schlürften an der Bierschaumkrone und feixten: Jetzt ist er einmal so richtig sauber geworden ... Hat uns eine Stange Geld gekostet, übermorgen verlangen wir das Geld von ihm zurück ... Fun wash ... Fun wash ... Sogar seine Geschlechtsteile sind eingewachst worden ... Was für ein Luxus! Den Bierschaum wischten sich die Kameraden mit einer Jagdserviette von den Lippen, auf der ein Hirsch mit weiß leuchtendem Heiligenschein aufgedruckt war. Der untere schwarze Rand der Serviette, auf dem *Wilde Zeiten* stand, erinnerte an die schwarzen, aufgehefteten, rippigen und knisternden Streifen einer Totenkranzschleife. Einen Monat später wurde der tote, zehn Kilometer abgeschwemmte Christian in den Langauen bei Villach von Pionieren entdeckt. Der aufgeblähte Leichnam, der vier Wochen im

Fluß trieb, war bereits so verwest, daß ihn die Angehörigen nur mehr an den Kleidern identifzieren
konnten. Es war davon die Rede, daß am Körper des Toten Zigarettenbrandspuren zu sehen waren, möglicher-
weise waren es aber auch Brandwunden, die ihm der
harte, scharfe, heiße, höchst schmerzhafte, seifige Wasserstrahl zugefügt hatte, als die Kameraden die Düse der
Waschlanze zentimeternah an seinen Körper hielten. Da
die Fundstelle nicht in den Zuständigkeitsbereich der
Gemeinde Paternion fiel, wurde der angeschwemmte
Leichnam auch nicht zur Obduktion ins Villacher
Krankenhaus geschickt, es gab nur eine Leichenbeschau
durch den Hausarzt. Wollte jemand eine Obduktion
verhindern? Begraben wurden die sterblichen Überreste von Christian auf dem Friedhof in Feistritz an der
Drau. Beim Begräbnis waren auch zwei Täter anwesend
– der eine hielt ein Büschel roter Nelken, der andere ein
Büschel weißer Nelken – und sprachen mit bleischwe-
ren Lippen das Vaterunser, der du bist. Auf einer
schwarzen Totenkranzschleife stand geschrieben: Wir
werden dich nie vergessen / Deine Freunde! Im kom-
menden Mai dürfen sich die Kumpel an den ersten To-
destag von Christian erinnern, die Drau wird nach wie
vor unweit von der Autowaschanlage mit dem Namen
Fun wash vorbeirinnen, das Heu wird *schmecken* und
die *Nagl* werden am *Ran* blühn, über den Christian ge-
laufen ist, um sich in den Fluß zu stürzen, nachdem ihn
seine engsten Freunde zu Tode gedemütigt haben. Die
Feistritzer Menschenjagdgesellschaft wird wieder den
gelbgefüllten Krug mit der weißen Schaumkrone heben
und singen: *Fun wash! Fun wash! Prost! Fun wash!
Prost! Und i hears noch klingen im Tram, bin in Feistritz
daham! Bin in Feistritz daham!*

DIE LEICHENBESTATTERIN
HAT IHRE SCHWIMMFLÜGEL VERLOREN

Hast du gesehen? Der Stimniker ist mit seinem schwarzen Mercedes durchs Dorf gefahren! Der Stimniker war der Leichenbestatter im Drautal, er hat sie alle eingesargt, die gestorben waren, die Jungen und die Alten, Babys und Kinder. Der Geruch in einem Blumengeschäft, sei es im Inland oder im Ausland, läßt mich sofort Bilder der bäuerlichen Aufbahrungszimmer sehen. Oftmals, ob im Inland oder im Ausland, wechsle ich die Straße oder kehre überhaupt um und gehe in eine andere Gasse, wenn ich von weitem ein Blumengeschäft sehe, besonders im Frühjahr und Sommer, wenn die Geschäftstüren offen stehen. Hinter dem schwarzen Dekorationstuch lehnte in der Bauernstube, die zu einem Aufbahrungszimmer umgewandelt wurde, der Sargdeckel an der Wand, den der Leichenbestatter Stimniker auf dem Unterteil des Sarges, in dem mein Großvater lag, zurechtschob und mit Sargschrauben befestigte. Zuerst hielt er drei, dann zwei, dann nur mehr eine Sargschraube zwischen den Lippen fest. Nach dem Tod des Leichenheinis Ludwig Stimniker erbte seine Tochter das Bestattungsunternehmen, bald nachdem auch die Tochter ihren Vater eingesargt und mit dem schwarzen Mercedes zum Friedhof gefahren hatte. Ein am Beckenrand des Freibades sitzender und mit seinen Füßen im Wasser plantschender Knabe stieß mich einmal mit seinem nassen Ellbogen an. Schau! sagte der Bub, die Leichenbestatterin schwimmt! – Wenn der noch einmal etwas über uns schreibt, dann

zeig ich ihn an! drohte die Leichenbestatterin bei einer
Geburtstagsfeier, mit der Gabel in der Malakofftorte
stochernd und Filterkaffee – Marke *Meinl* mit dem
schwarzen Mohren – schlürfend.

TRAG MICH IM SARG
ÜBER MEIN FELD HINAUS
(TROG MI AUSE ÜBERN ONGA)

Ist die Parte schon gekommen, in der vom tragischen Geschick die Rede ist? Die Hinterbliebenen werden hundertfünfzig Stück schwarzumrandeter Partezettel innerhalb von ein paar Stunden bei der Druckerei Nest in Spittal an der Drau abholen können. Die Dorfleute werden sich über die Todesnachricht freuen und dem Kind, das die Parte von Haus zu Haus trägt, besonders viel Trinkgeld geben. Endlich ist es vorbei, endlich wird der Ex-Ministrant und Schriftsteller unter die Erde geschaufelt! Sollte er auf unserem Friedhof begraben werden, dann scheißen wir ihm aufs Grab! Nacht für Nacht! Unter Hitler hätte es so eine Kreatur nicht gegeben! Ein neuer Hitler gehört her! Der katholische Bauer mit der aufgenähten Unterlippe wäre der erste, der die Parte zerknüllen und einstecken, links und rechts schauend in der Nacht zum Friedhof an mein frisches Grab schleichen würde, auf dem die Kränze vermodern. Als Jugendlicher fuhr er in der Nacht betrunken mit dem Auto in den Graben, biß sich dabei in die Unterlippe, lief zu meinem Elternhaus und rief, während ihm das Blut übers Kinn rann und aufs Hemd tropfte, in den ersten Stock zu den schlafenden Jugendlichen hinauf: Franzl! Franzl! Hilf mir! Der katholische Franzl half ihm und brachte den jugendlichen Saufbruder mit seinem Auto um Mitternacht ans andere Ufer der Drau, zum Doktor Plank, der den katholischen Blutlecker an der Türschwelle abwies und ins Krankenhaus nach Spittal schickte, wo seine Unterlippe in den frühen Morgenstunden genäht wurde. Erst unlängst, als mein uralter Vater kränkelte und wir einander auf der Dorfstraße begegneten, rief der Sturschädel mit der aufgenähten Unterlippe süffisant, höhnisch und in freudiger Erwartung: Wie geht's denn dem Vater? – Möchtest vielleicht schon gerne *Trog mi ause übern Onga* singen! – Der alternde, frivole Leichenlieder jodelnde Bauernsängerknabe mit der aufgenähten Unterlippe, stieg unmittelbar danach ins Auto, fuhr ans Ufer der Drau in sein Stammgasthaus, tauchte seinen Kopf bis zur aufgenähten Unterlippe ins Villacher Bier, bis seine, aus dem Kärntner Gitschtal stammende katholische Lebensgefährtin – der Geduldsfaden war ihr gerissen – um Mitternacht in die verrauchte Gaststube kam, seinen Kopf an den Haaren ins Genick riß, so daß der Bierschaum übers Kinn auf den Hals hinunterrann, und den schwankenden, nach Stall riechenden Teddybären mit dem Zweitagebart ins Auto bugsierte. Zu Hause, aus reiner Rachsucht, auf daß er sich nie wieder so schwer betrinken möge, sperrte sie ihn in den Schweinestall, wo dem Halbnackten in der Nacht seiner Ohnmacht die grunzenden Säue schmatzend seine glorreichen Hoden abfraßen. Am Morgen, als ihn seine strenge, katholische Lebensgefährtin zur Stallarbeit ermuntern wollte, Stiere und Ochsen bereits vor Hunger brüllten und mit den Ketten rasselten, stieß sie einen Hilfeschrei aus, als sie den Entmannten heftig atmend mit blutendem Unterkörper im Schweineglitsch liegen sah, faltete ihre abgearbeiteten, katholischen Hände und sang ein Morgenlied. Danach fiel die Erbarmungswürdige vor Entsetzen in Ohnmacht und kippte vor dem Schweinsglitsch in die

Rinne, bis sie sich, zwanzig Minuten später, wieder erhob, wobei die Jauche vom Kittel mit den aufgedruck-
ten Vergißmeinnicht rann, und zu ihrem tausendmal
verdienten Glück das Schweineglitsch menschenleer
vorfand. Sofort stimmte sie ein Lob- und Danklied an:
Mein treuester Jesu, sei gepriesen, daß dein erbarmungs-
volles Herz sich mir so hilfreich hat erwiesen und mich
durch Blut und Todesschmerz von Satans Macht und
Grausamkeit zu deinem Eigentum befreit. Der fleißige
Bauer mit der aufgenähten Unterlippe warf Jesulieder
singend den schnaubenden Stieren und Ochsen Gabel
für Gabel Silo vors Maul und bekreuzigte sich, in den
spinnwebenbehangenen Herrgottswinkel des Stalls
schauend, als er aus den in mehreren Winkeln ange-
brachten Lautsprechern des Stallradios das Morgen-
gebet hörte. Zum Mittagessen brutzelte paniertes
Schweinsschnitzel – vom Schlegel – in der Pfanne, als
Salat gab es grünen Vierklee mit rotem Weinessig und
schwarzem Kernöl, Tiramisu als Nachspeise und eine
Flasche Villacher Bier in Ehren für den katholischen
Glückspilz, nachdem die Kinderlein mit den Schutzen-
gelmeinkettchen am Hals das Tischgebet gesprochen
und ihre Löffelchen in die heiß rauchende Frittaten-
suppe getaucht hatten. *Wenn du die Händchen faltest,*
lieb Kindlein zum Gebet, dann horcht dir zu dein Engel,
der dir zur Seite steht. Er sammelt all die Worte zu einem
Blumenstrauß, den trägt zum Himmelsvater er in sein
Sternenhaus. Der freut sich, wenn am Morgen er all die
Sträußlein sieht, aus frommen Kinderherzen so duftig
aufgeblüht.

VITA ACTIVA DER FAMILIE FRANCULA
IN CARINZIA

Der graumelierte Kärntner Staatsbürger, der als Jugendlicher seiner Fußballkünste und Körperartistik wegen *Pelé* genannt wurde, ist *Schöndarm* beim polizeilichen Unfallkommando in der Landeshauptstadt (Distrikt Serbo Balalaika). Er ist froh darüber, daß die Zeiten endlich vorbei sind, in denen er bei tödlichen Verkehrsunfällen die Leichenteile der Verunglückten in den Straßengräben zusammenklauben und ordnen, in denen der poliz. Leichensammler, immer wieder *Juntos cadaveres!* rufend, mit den sterblichen Überresten in den bloßen Händen, sich übergeben mußte auf den feuchten Kleewiesen, wohingegen inzwischen gottseidank die mißmutigen, faltigen Bestatter in grauen Mänteln vorfahren und ihr trauriges Tag- und Nachtwerk erledigen. Als Zehnjähriger lief Pelé, der von Kind auf die Unart hatte, seine Hände einzuspeicheln, mit einem braunen Suppentopfdeckel, den er wie ein Lenkrad hielt, die Dorfstraße hinunter und rief: Achtung! Achtung! Radio Wien! Wer nicht ausweicht, der ist hin! Als jugendlicher Fußballer stoppte Pelé elegant den Bazooka Lederball, wenn am Spielfeldrand Zöpfe tragende Bauernmädchen in Hot pants vorbeispazierten, die athletischen, verschwitzten Buben in ihren schwarzen, feuchten Turnhosen betrachteten und besonders bei einem Fallrückzieher auf Hüften und Oberschenkel des Fußballkönigs und der Fußballprinzen schauten. Zur Belustigung aller an den Kniescheiben grasgrünen Torjäger rief Pelé den erregten Mädchen keck zu: Schmutzi

Butzi Weibi, dra di um, sonst speib i! Oder er lief über
die blühenden Feldwiesen, zog an seinem ausgelutsch-
ten rosaroten Bazooka Kaugummi und rief: Fut ist gut,
wenn sie stinken tut! Er hatte auch als erster Dorf-
bursche Fußballschuhe mit Stollen und war als Schien-
beinrasierer bekannt und gefürchtet. Als pubertieren-
der Jugendlicher masturbierte der Frühreife am liebsten
in Anwesenheit von anderen noch schamhaarlosen,
vom Fußballspielen verschwitzten Schulkameraden in
der Waschküche und ejakulierte zu ihrem Erstaunen in
dem Augenblick, wenn auch die Schleuder der Waschrumpel ihren Höhepunkt erreichte.

Heute beklagt sich der fünfzigjährige Schöndarm Pelé
über die von ausländischen Frauen verschandelte geliebte Landeshauptstadt, wo ihm Schritt auf Tritt weibliche Wesen mit schwarzen Kopftüchern begegnen:
Türken! Tschuschen und Kroaten! Schöndarm Pelé be-
gibt sich von seinem Heimat- und Sportsland Kärnten
aus nach Slowenien, um sich in Ljubljana die Zähne or-
dinieren zu lassen. Hat statt vierzig- nur zwanzigtau-
send Schilling gekostet! triumphiert er, breit grinsend
mit dem nagelneuen falschen Gebeiß, die Hände einspeichelnd. Schöndarm Pelé läßt sich auf seinen Reisen
von einem dicken, nach Uhu-hart riechenden, welligen
blauen Schulheft begleiten, in dem er eigenhändig Fotos
der Unterkörper von knapp zweihundert Frauen einge-
klebt hat, ohne Oberkörper, ohne Kopf, versteht sich,
nur die Geschlechtsteile, rasiert und unrasiert. Schöndarm Pelé, der sich und seiner hochheiligen, aus dem
Kärntner Wallfahrts- und Seelenzufluchtsort Seligen-
stätten abstammenden Ehegattin immer noch von sei-

ner ehrwürdigen, mit Sommersprossen übersäten Mutter der kath. Barmherzigkeit die Unterwäsche säubern läßt mit der Waschrumpel, rosarote Skinny Tangas der Gattin, Schiesser Microfaser dem Herrn, Kärntner Topfennudel (BRD: gefüllte Teigtaschen) für die ganze Familie, regelmäßig freitags, von Muttern kochen läßt für den fünfzigjährigen, rabiaten Bubi und fürs gleichaltrige hl. Mädel, nicht zu vergessen aufs Enkelkindernatterngezücht, den Rest verschlingt mit Haut und Haaren der sture hundertjährige, väterliche evang. Wehrmachtsunteroffizier – Peitschenknaller mit Handschlagqualitäten –, der sich liebend gerne bei einem heimatdörflichen, evang.-kath. (ökumen.) Selbstjustizkommando andienen, als Erster Henker, mit Hermelinpelz um die knackigen, gruseligen Schultern, bedeckt mit einer schwarzen Kapuze, den Unliebsamen eigenhändig hamdrahn, nach Hause drehen möchte in die Gebärmutter zurück für ewig und immer: Gemma! Ob die Post! Wegräumen, die Krot! Den Schreiberling, den Kinstla! Wos brauch ma solche Schmarotza, dieses elende Gsindel! Wie rosarote, sorgfältig entfleischte Mäusehäute, aufgefädelt an den Schwänzen, hängen am Wäschestrick die String Tangas der hl. Gattin und personifizierten Ehekrise, die ihrem angetrauten Schöndarm schon einmal den goldenen Ehering entgegengeworfen hat. Die hochheilige, süßelnde und schmeichelnde, reine Gattin – hochwohlgeboren auf einem dornengekrönten Schamhügel mit dem Namen Bäckchenrosenrot am Fuße des Piz Buin –, hochbegnadet mit zwei, drei künstlerischen Adern für Batikkitsch, lieber auf indischer Seide als auf marokkanischer Baumwolle, die den Künstlernamen Maria de Lourdes angenommen hat, fabriziert außerdem als freiwill., kath. Heimatdienstleistung Rosenkränze aus glasierten, in den Auen ihres Heimatdorfes auf dem Spindelstrauch wachsenden Pfaffenkäppchen, lateinisch Euonymus europaea genannt. Maria de Lourdes mit dem rötlichen Schamhaardreieck und den rasierten Achseln ist Tag und Nacht bis auf die serbokroatischen Zähne ihres angetrauten Sportmarschalls mit 36 zahnfleischfarbenen, phosphoreszierenden Kruzifixen bewaffnet, stets mit süßelndem Wortwerk auf den Lippen und zwischen den blitzblank gebeizten Zahnreihen.

Jede dritte oder vierte Nacht schreit de Lourdes auf, frühmorgens, ehe der Hahn kräht, und verliert sich in delirierenden Stoßgebeten, bis die schlaftrunkene poliz. Fußballegende nach dem Kinderhansaplast mit den farbigen Mickymausfiguren greift – Goofy und Pluto spielen mit Tom und Jerry Katz und Maus – und das Mundwerk der kath. Schlachtenbummlerin verklebt für zwei, drei Stunden, mit dem unhaltbaren, aber verzweifelten Ausruf: Halt endlich dein Tschuschenmaul! Gegrüßt seist du hl., mit rosaroten Gladiolen glorreich bekränzte Frau von den Spitzbergen des ehrwürdigen Piz Buin, Gebenedeiteste unter den Fürsprecherinnen, mit frischer fleischfarbener Reizwäsche am einzigartig von roten Schamhaaren bepelzten Unterleib, Kärntnernudel von Schwiegermuttern im Bauch, mit Hinterbacken aus cholesterinarmem Truthahnschnitzelsitzfleisch in den schwarzen Kirchenbänken Platz Nehmende, stolz den österl. Palmbuschen Haltende, der mit Schokobrezeln und Moro Blutorangen dekoriert ist, die noch mit dem Orangenpapier umwickelt sind, auf dem ein Neger-

mädchen mit großen Ohrringen abgebildet ist, durch-
stochen von den spitzen, die Südfrüchte aufspießenden
zwei Holzstäben des Palmbesens, wenige Tage vor der
Auferstehung, wenige Tage, bevor der von ihr über alles
geliebte, dornengekrönte Herr der genagelten Knochen
mit einer einzigartigen Handbewegung – Siehe da! Er
ist in mir und ich in ihm! – den Grabstein zur Seite
wälzt.

Bei den nächtlichen Asthmaanfällen der poliz. Fußball-
legende legt ihm die katholisches Jägerlatein sprechen-
de de Lourdes, hl. Sportsfreundin (Diplom-Schiköni-
gin), eine Binde um die Brust, umwickelt die heiß
dampfende, mit Essigsaurertonerde beschmierte Binde
sowie gleichzeitig seine Gösser-Bierbauchwampe mit
einer vierzig Zentimeter breiten und vier Meter langen
Pythonschlangenhaut, bis der Asthmaschaum nachläßt
und abfließt, in den braunen Wildwuchs seiner Scham
hinunter. Am nächsten Morgen, im Bett liegend, mit
nacktem Oberkörper, kratzt die Sportskanone mit ihren Fingernägeln die kalte, pickende, graue Essigsaure-
tonerde von der stolzgeschwellten Brust und kitzelt sie
von den graumelierten, geringelten Brusthaaren. Danach sitzt der rekonvaleszente Schöndarm mit tiefen
Augenschatten im Folkloreanzug (geschmückt mit frischem Almrausch und Enzian) aufrecht im Bett und
schneidet, immer wieder Juntos cadaveres! rufend, umgeben von Hunderten verstreut auf dem Ehebett liegenden, sauberen, geöffneten und an japanische Schirm-
chen erinnernden Markentampons (O.b.), Fotos weib-
licher Unterkörper aus Pornoheftchen, während ihm
seine busenfreiheitliche, einen mit kath. Mehloblaten

(heimatl. Wasserzeichen: Kruzitürken) bestickten Lendenschurz tragende hl. Sportskameradin (olymp. Hahnenkammfrisöse) den Ersatzkaffee Zichorie (kärntnerisch: Zigure) reicht und ihn die gezuckerte braune Suppe schlürfen läßt, bis von Muttern die Kärntner Nudeln, vierzig, fünfzig kleine weiße Mäuschen, auf den Tisch kommen, übergossen mit heißflüssiger, braunschäumender Kärntner Almbutter. Hört die mit einem rötlichen Schamdreieck bepelzte de Lourdes das Geklapper der leeren Tasse, so schenkt sie die bräunl. Zigure nach und reicht dem poliz. Trauermärsche summenden Herrn und Gebieter auch die bereitgestellte, tropfende Tube Uhu-hart, die er nach und nach ausdrückt auf dem blaulinierten Papier. Mit einer Fliegenklappe klatschend, pickt und drückt Schöndarm Pelé die ausgeschnittenen weibl. Unterleiber – Juntos cadaveres! – im dicken Schulheft fest, Schoß für Schoß, Fut ist gut, wenn sie stinken tut. Eine Woche keinen Echten, hat der Doktor gesagt! Fingerzeigend hat der Doktor gesagt, keinen Echten! ruft er, die Hände einspeichelnd, aus den mit Maiglöckchen von der mit einer künstlerischen Ader begabten Lebensgefährtin handbestickten weißen Bettlacken des Krankenbettes. Die Schlangenhaut nahm die Legende mehr versehentlich als absichtlich bei seiner ersten und einzigen Ägyptenreise mit nach Hause, ebenso ein Plastiksäckchen voll med. Mumienpulver mit dem Spitznamen vera mumia aegyptica, zwecks Heilung div. Asthmaanfälle. Es war sein lebenslanger Wunschtraum, einmal die Pyramiden zu sehen, einmal in seinem Leben vor den ägyptischen Pyramiden zu stehen, schon als Kind wollte er einmal zu Füßen einer Pyramide brasilianischen Fußball und

multikulturelles Königsschach mit indischen Elfen-
beinfiguren spielen mit seiner späteren hl., bald danach
vermaledeiten, Ehering werfenden Angetrauten, die er
allzufrüh kennengelernt hatte in seiner dörflichen Un-
schuld und Unzucht. Ich fahre nie mehr zu den Pyramiden! rief er mit eingetrockneten Speichelstreifen im
Mundwinkel, ich bin entsetzt vor einem Steinhaufen
gestanden, habe umsonst meinen Odem in die orangefarbene Seele des Bazooka Balls geblasen, ich habe mir
etwas ganz anderes vorgestellt. Was habe ich als Kind
von den Pyramiden geträumt! Die Pharaonen haben in
meinen Kinderträumen mit mir Fußball gespielt! Lauf,
Pelé, lauf! haben sie gerufen. Der Enttäuschte, der sich
beklagte, für die hoffnungsvolle Reise soviel Geld ins
Araberland getragen zu haben, war mit seinem nagelneuen, slow. Gebiß, inkl. eingesparter Dollar, immerhin
in der tröstlichen Begleitung der strahlenden, vor lau-
ter Piz Buin Sonnencreme golden glänzenden, glorreichen, ehrwürdigen, gütigen, Gott und die Welt er-
obernden, hl. dreifachen Natterngezüchtmutter Maria
de Lourdes sowie von knapp zweihundert in ein blau-
liniertes Schulheft eingeklebten Frauenunterkörpern
ohne schwarze Kopftücher.

Ich hab Heimweh! Heimweh! Juntos cadaveres! Ich
hab so Heimweh! gestand er mit der Bazooka Wuchtel
unter dem Arm, in die er die ägyptische Luft seines
Atems hineingeblasen hatte, vor den staubigen Pyramiden stehend, seiner liebenswürdigen, den lockeren, goldenen Ehering an ihrer rechten Hand im Kreis drehenden, die Schnur ihres verrutschten fleischfarbenen
String Tangas zwischen den Hinterbacken einrichten-

den und alle Wünsche aus seinen dunkel umrandeten
Augen ablesenden Lebensgefährtin, ich hab Heimweh
nach meinem Unfallkommando, Heimweh nach den
Wrackteilen heimischer Straßenkreuzer, Heimweh nach
den von Autorädern rasierten Schädelhälften und
Schlitzohren, Heimweh nach den verstreut im grünen
Klee herumliegenden weiblichen Unterkörpern, rasiert
und unrasiert, Heimweh nach den am Straßenrand in
der Erde steckenden weißen Kreuzen im Allerheiligen-
und im Allerseelennebel – Juntos cadaveres! –, Heimweh nach dem Duft der gelben und weißen Chrysanthemen hab ich, Heimweh nach den Kindern und
Frauen, die im Kärntner Heimatland in bäuerl. kath.
Jauchengruben verschwinden und ertrunken ans Licht
der Welt gezerrt werden mit schwarzen Kopftüchern,
nicht ohne Hilfe der rettungs- und hoffnungslos über-
forderten Dorffeuerwehr, personifiziert in alkoholisierten, auf Gösser Bierkisten sitzenden und auf ein
schreckliches Ereignis wartenden blauuniformierten
Stehaufmännchen, ich hab Heimweh nach der hochge-
achteten grünen Schöndarmuniform mit den goldenen
Spiegeln auf den Schlüsselbeinen, ich hab Sehnsucht danach, nach einem Verkehrsunfall ein poliz. Staatsproto-
koll – Achtung! Achtung! Radio Wien! Tausend Tote
und keiner hin! – im Rang eines Polizeioberinspektors
anzufertigen, ich hab Heimweh nach mir in meinem
Heimatland, nach Schöndarm Pelé, der immer noch
hilflos und gottverlassen mit dem Bazooka Ball unter
dem Arm im Wüstenstaub vor den schrecklichen Steinhaufen der Pyramiden steht und von Kärntner Nudeln
träumt in köstlicher braunschäumender Almbutter aus
der Gletschergegend des Piz Buin, mit dem frischen

Bioschnee auf seinen Spitzbergen, der sich nach seinem hundertjährigen peitschenknallenden, Hakenkreuzlieder summenden, schafthohe Wehrmachtsschuhe mit kameradenblutbeschmierten Schnürsenkeln strangulierenden Vater und Erzeuger und nach seiner ehrwürdigen, vor zwei goldenen, im Herrgottswinkel in Waagschalen (mit Jesukindzünglein) liegenden Nudeln knieenden und Rosenkranz betenden Mutter sehnt, die unmittelbar nach dem erlösenden Anruf aus Luxor den Teig für die Nudel ausrollte, die Waschmaschine anlaufen ließ, in Erwartung des unerfüllten Pärchens, das in Wien Schwechat aus dem Jumbo der Ägypten Air steigen und schließlich, entlassen aus der kleinen, aber schneidigen Kärnten Air am Flughafen der Landeshauptstadt (Distrikt Serbo Balaleika) abgeholt werden wird vom Natterngezücht – auch der zwanzigjährige Sohn flog einmal um Mitternacht betrunken aus der Windschutzscheibe seines Autos, nachdem er am Waldrand von einer sich störrisch aufbäumenden Tanne gestoppt worden war – mit Mumienpulver, Seidenschals, Persertteppich, Spielzeugpyramiden, Plastikpharaonen, Schlangenhäuten und mit männl. und weibl. Schmutzwäsche im Reisegebäck. Einen Tag nach der Ankuft besuchte das Pärchen die Seelenmesse der lange schon verstorbenen Guten Haut, die Jahrzehnte in ihrem Haus gewohnt und zu allen heiligen Zeiten das halbe Dorf mit ihren Torten und Kuchen beglückt hatte. Schöndarm Pelé bedankte sich mit Stoßgebeten beim Erzengel Gabriel und beim Erzengel Michael dafür, daß sie ihn zwischen den staubigen Pyramiden mit einem speichelschäumenden Asthmaanfall verschont hatten inmitten der Wüste. Als der Priester zur Kommunion lud – er hatte noch den Leib Christi Geschmack der halbierten großen Hostie aus der Monstranz und den Geschmack von Christi Blut im Mund –, erhob sich das schlüpfrige, zwischen anderen Gläubigen eingepferchte Pärchen von der schwarzen Kirchenbank. Mit Ellbogentechnik kämpfte sich de Lourdes durch das Gewühl der Kirchengänger, um als erste vor dem Kommuniongitter stehen und sich die andere Hälfte der großen, in der Monstranz aufbewahrten, pures Gold berührenden Hostie mit dem Kruzifixwasserzeichen einverleiben zu können. Als schließlich der hostienverteilende Priester, vor ihrem Lebensgefährten stehend, die kleine Hostie aus dem goldenen Kelch nahm, in die Höhe hob und Corpus Cristi! rief, antwortete Schöndarm Pelé: *Juntos cadaveres!*, bevor er die Zunge herausstreckte und den Leib Christi einspeichelte.

FROHE ALLERHEILIGEN UND
FROHE ALLERSEELEN

STIMMT ES, daß die Leute Ihres Heimatdorfes seit der Veröffentlichung Ihres letzten Buches Sie erschießen, Sie also, um einen bäuerlichen Ausdruck zu gebrauchen, wegräumen möchten und Sie seither bei Lesungen im Inland in einem kugelsicheren, schwarzen Taucheranzug am Veranstaltungsort auftauchen? Ist es schon soweit? Sind sie schon einmal einem Mordanschlag entgangen oder hoffen Sie nur auf einen Mordanschlag, dem Sie hoffentlich entgehen würden, oder gehen Sie märtyrerhaften Schlagzeilen und Selbstbeweihräucherungen prinzipiell aus dem Weg, damit wenigstens einer Idee von einem möglichen Mordanschlag – ohne Selbstmordabsicht – nichts mehr im Wege steht? Ist etwas Wahres dran oder nicht? Ja oder nein?

STEIGEN SIE, um Ihre Worte zu gebrauchen, als Allerheiligenhistoriker, der von sich behauptet: Ich bin schon in Ordnung, ich räume jeden Tag in mir auf!, auf die Gebirgskette der Karawanken, gehen hundert Meter weit vor dem Gipfelkreuz in die Knie oder wandern Sie ganz hinauf und hängen dem Gipfelkreuz ein Lebkuchenherz von einem Kärntner Kirchtag um den Hals, auf dem mit spinnebeinchendünner rosaroter Zuckerglasur geschrieben steht: Mein Herz gehört nur dir allein! Auf daß die Bergspitze mit dem kalten, von weißen Hasenpelzen umwickelten Gipfelkruzifix nach Lebkuchen rieche, wenn schon nicht die ganze Ge-

birgskette mit Lebkuchen gepflastert und in den Farben
der Kärntner Fahne mit rotweißgelben Streuselku-
chenkörnchen bestreut wird, kurz vor Wintereinbruch
und dem ersten Firnschnee.

GRAUE TIGERMOTTE, HUNDSVEILCHEN auf dem
Grab jugendlicher Selbstmörder, weiße Fleischblumen,
Schwalbenschwanz, Chrysanthemen – Frohe Allerheiligen! –, Purpurbär, veilchenblaue Fleischblume am
rechten Auge, rosarote Fleischblumen auf den Kindergräbern – Frohe Allerseelen! –, Trauermantel, Blau-
kopf, Trauerspinner. Wenn Sie in Kärnten, über die
Dörfer gehend, an Wäscheleinen Unterwäsche sehen –
Frauenunterwäsche und Männerunterwäsche neben-
und übereinanderhängend –, gehen Sie dann näher hin,
oder entfernen Sie sich augenblicklich, wenn Sie dabei
auch noch das Geläute einer Kirchenglocke hören, das
von zehn bimmelnden Kuhglocken – weidende Kühe
im taunassen Klee – übertönt wird?

WÜRDEN SIE HEUTE auch noch einem Pfau nachlau-
fen und die Trophäe hinter den Bilderrahmen stecken,
in den Ihr erster Buchumschlag eingerahmt ist, damit
ständig jemand ein Auge auf Ihr Kunstwerk wirft?

GINSENG, VANILLERÄUCHERSTÄBCHEN, klassi-
sche indische Musik! Was brauchen Sie noch alles, um
sich am Schreibtisch zu ermuntern, Sätze zu schreiben,
für die Sie ja dann doch, wie Sie mir einmal mit augen-

zwinkerndem Pathos gestanden haben, eigentlich le-
benslang ins Gefängnis kommen möchten, um dort
weiterfeilen zu können an Ihren Sätzen, die Sie, um Ihre
Worte zu gebrauchen, oft zwanzigmal, dreißigmal um-
schreiben, bis sie es endlich wert sind, verstümmelt zu
werden?

EINMAL HABEN SIE mir gestanden, daß Sie Angst davor haben, auf der Zugtoilette zu sitzen, da in diesem
Augenblick der Zug entgleisen könnte, besonders dann,
wenn Sie nach Frankfurt zur Buchmesse fahren, wo Sie
einmal von einem Fotografen mit gezückter Kamera ge-
fragt wurden, ob Sie sich vielleicht für ein Portrait dort,
dort drüben! sagte er, *an die Wand* stellen könnten.

DASS SIE EIN VANILLEFETISCHIST sind, ist uns
nicht verborgen geblieben. In welcher Form ver-
schwenden Sie Vanille? Haben Sie tatsächlich einmal
bestimmte Körperteile – und bitte von wem? – mit Vanille eingerieben und bei Frau Paloma Picasso der
neuen Duftnote ein erstklassiges Zeugnis ausgestellt?

IHRE OBERÖSTERREICHISCHE, knatschbraune
Tante mit dem schiefen Grinsen behauptet, man habe
Sie schon als Kleinkind mit einem Bleistift ohne Mine
herumlaufen und die farbigen Zirkusplakate auf den
winddurchlässigen Heustadelwänden bekritzeln sehen.
Stimmt es, oder stimmt es nicht?

WENN SIE AM UFER der Drau entlanggehen, gehen Sie lieber mit oder gegen die Strömung, der Sie ja zu 80% aus Weihwasser bestehen, mein Lieber? Muß es denn sein, daß Sie vor einer Wegkreuzung stehenbleiben, um dem Herrn der Genagelten Knochen ins hellhörige Ohr zu flüstern: Ich komme wieder, sobald ich die Vollkornhostie mit dem eingeprägten Kruzifixwasserzeichen verdaut habe und mir Christi Traubenzucker ins Blut übergegangen ist! Ins Fleisch sowieso.

STIMMT ES, daß Sie nicht nur verschiedene Wortzusammensetzungen wie die Pest hassen – Vaterland, Heimatliebe –, sondern auch sprichwörtliche Redensarten wie *Das hasse ich wie die Pest* hassen wie die Cholera?

ICH KANN MICH an mindestens zwei Abendessen mit Ihnen erinnern, wo Sie spätestens beim Espresso und beim Grappa ellenlang vom Grafen Dracula geredet haben, der bei einem Zweikampf und Gerangel über einen Balkon gestürzt ist und sich laut lachend an einem Eisenkruzifix aufgespießt hat im Friedhofsgelände. Ist Ihnen das Vampirblut – Jesus Faktor Negativ – so zu Herzen gegangen?

NEBEN MEHREREN SCHWARZEN, unregelmäßig gewachsenen Vanillestangen, an denen Sie beim Schreiben oft riechen, steht auf Ihrem Schreibtisch eine fünf Zentimeter kleine rumänische Antiquität, ein keramisches Meisterwerk, das zwei nebeneinander klebende, tobende Personen mit beweglichem Kopf und mit hocherhobenen Fäusten zeigt, die eine nennen Sie *Nicolae*, die andere *Elena*. Die eine streckt ihre lange bewegliche Zunge heraus, der anderen ist die Zunge herausgefallen – die Figur ist beschädigt –, aber ihr Maul ist offen, man kann in ihren Schlund hineinschauen und getrost die Leichen im Keller zählen.

NUR NICHT mit einem Leichenwagen verunfallen! haben Sie einmal zu mir gesagt, nur nicht in Rom beim Überqueren einer Straße von einem Leichenwagen überfahren werden! Nur das nicht! Haben Sie vor der Anekdote im Feuilleton Angst, da Sie augenfällig und auffälligerweise mit Ihrem Notizbuch mehr innerhalb als außerhalb des Campo Verano herumgeistern und jedem mit Sarg und Blumenbuketts auf der Piazza vorfahrenden Leichenwagen in weitem Bogen aus dem Weg gehen, dem dicken, winkenden, taubstummen Leichenhallenwärter in die Arme laufen?

HAT ES IHNEN, um Ihre Worte zu gebrauchen, wirklich das Herz zerrissen, als Sie sechzehnjährige Nonnen – eineiige sizilianische Zwillinge mit Sommersprossen – in Rom in der Päpstegruft vor dem Grabmal von Johannes XXIII. haben knien und andächtig beten sehen? Das eine schöne Mädchen hielt eine mit Silberpapier am Stengel umwickelte rote Rose in der rechten Hand, das andere eine in der linken. Sie legten die Rosen auf den marmornen Sargdeckel, bekreuzigten sich, blieben noch lange und wortlos mit geschlossenen Augen vor dem Grab knien, ehe sie aufstanden, mit glasigen Augen Hand in Hand die Gruft der Päpste verließen – und Sie den beiden Mädchen beim Ausgang der prunkvollen Päpsteleichenhalle, in der einbalsamierte Kirchenoberhäupter liegen, im Wege standen.

IN IHREN ROMANEN haben Sie sich nicht selten dazu herabgelassen, sich – ob Sie es wollten oder nicht –, zu einer moralischen Instanz zu stilisieren. Sind Sie so ein Übermensch und haben in den letzten zwanzig Jahren, seit Sie uns jedenfalls mit Ihren Schriften beglükken, nicht einmal daran gedacht, jemanden, nein, nicht mit dem berühmten Messer ohne Klinge, dem der Griff fehlt, sondern mit einem Messer mit Klinge und Griff ins Lebkuchenherz zu stechen – Dein Herz gehört nur mir allein! –, den Mord also als eine schöne Kunst zu betrachten – Sie, der Sie einmal stirnrunzelnd, neugierig und auf ihre eigenen Herzschläge lauernd, das Gekritzel von der Wand einer Duisburger Ubahnstation gelesen haben: Messer rein, Messer raus, Messer rot, Mutter tot!

»Lovely! all the essential parts,
like an oyster without a shell
fresh and sweet tasting, to be
swallowed, chewed and swallowed.

Or better, a brain wthout a
skull. I remember once a guy in
our anatomy class dropped one
from the third floor window on
an organ grinder in Pine Street.«

INHALT

Zitiert werden: René Char (übertragen von Paul Celan, Seite 7), Isidore Lucien Ducasse, Comte de Lautréamont (Seite 37), Jean Genet (Seite 41), *Recherchen im Reich der Sinne. Die Gespräche der Surrealisten über Sexualität 1928-1932*, herausgegeben von José Picrre, C.H.Beck, München 1993 (© C.H.Beck'sche Verlagsbuchhandlung (Oscar Beck), München 1993 – Mit freundlicher Genehmigung) (Seite 43 und 62f.), Friedrich Hebbel (Seite 48 und 57), Juan Rulfo (Seite 113), William Carlos Williams (Seite 149).